교회 언니,
여성을 말하다

| 일러두기 |
이 책은 동일 제목으로 2012년 포이에마에서 출간되었던 것을 재출간한 것입니다.

교회 언니, 여성을 말하다

마흔에 찾은
내 삶의 언어

양혜원 지음

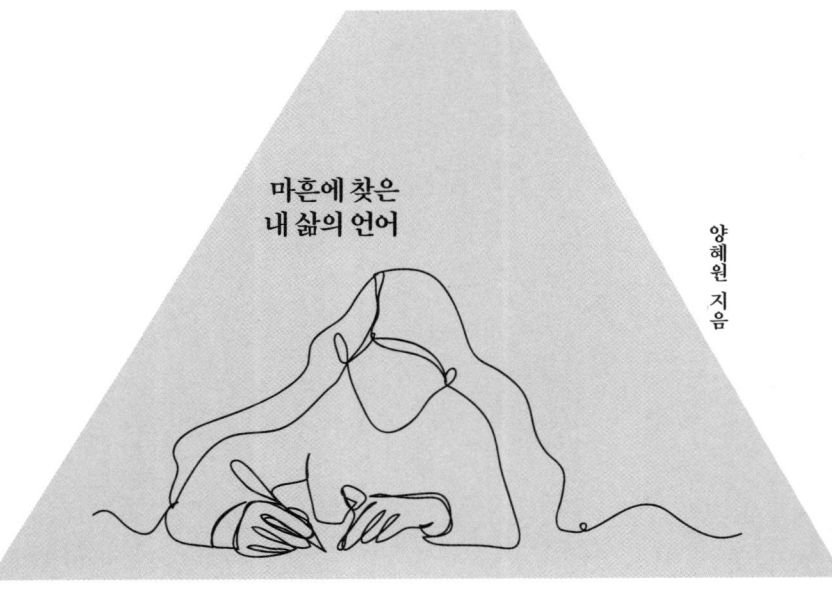

비아
토르

여성들과 함께 사는 남성들이
여성의 목소리로 이야기하는 교회와 사회의 현실에
조금 더 눈뜨기를 바라는 마음으로

먼저 읽은 이의 말

'목사 사모'로 불리기를 원치 않는 페미니스트가 털어놓는 솔직, 담백, 까칠한 일상 고백. 한 장 한 장을 가득 채운 깊은 고민과 사색이 마음 저리게 시원하면서도 은근히 따뜻하다. '착각적 은혜'를 넘어 신앙의 본질에 접근하려는 용감한 친구들과 함께 나누고 싶은 책.

_김두식, **경북대 법학전문대학원 교수**

이 책의 소재는 대부분이 여성적이지만, 그 내용은 불편, 불만족, 좌절감, 그리고 고통 속에 자라는 인간 영혼의 고투다. 여성은 힘과 폭력, 경쟁과 각축의 야수성이 지배하는 세상에서 자신의 존귀함의 일부를 손상당하며 살아가는, 축소당하는 영혼의 대표자다. 여성의 살림, 육아, 출산은 인간 생존을 위해 가장 중요한 활동임에도 GDP라는 지극히 남성중심적 경제지표에서는 어떤 가치도 부여받지 못한다. 공기와 땅처럼 소중하지만 여성은 세상 어디에서도 비근한 대우를 받는다. 교회에서도 여성은 공기처럼 얇고 대지처럼 밟힌다. 개별 가정에서도 여성은 항상 거기 계시는 하나님처럼 존재일 뿐 마땅한 존경과 감사를 누리지 못한다. 이런 굴레 안에서도 저자는 이 완강한 세계를 좀 더 생명력 넘치는 인간의 삶터로 바꾸기 위해 관여한다. 이 관여가 그녀에게 글쓰기다. 독자들은 저자의 사사롭고 일상적인 이야기 구술을 들으면서, 삶에 대한 정밀하고 사려 깊은 관찰이 주는 불편함과 따뜻함을 동시에 느낄 수 있을 것이다.

_김회권, 숭실대 기독교학과 교수, 가향교회 신학지도목사

'마흔 언저리'를 살아 내며, 저자는 그동안 경계에 서서 경험했던 존재의 불안정성을 자기고백적 글로 풀어냈다. 전통적 가치와 후기 근대적 상황이 혼재한 21세기 한국 땅에서 여성으로 엄마로 목사의 아내로 살아간다는 것, 한편으로 번역가와 여성학도로 살아간다는 것은 서로 상충하는

두 가치와 기대, 시간과 관계의 작동 방식 '사이'를 살아 내는 일이다. 그 삶의 과제에 누구보다도 치열하고 진지하게 임했던 저자의 '자기화한 지식'이 오롯이 담겨 있다. 모국어와 외국어 사이에서 가장 적절하고 전달력 있는 단어를 고르느라 끊임없이 사투하는 그녀의 '번역자'로서의 일상은 이 글에서 직업이 아닌 '삶의 방식'으로 녹아들었다. 이 책이 삶의 조건과 능력, 꿈, 가능성을 저자와 함께 공유한 '이 땅의 젊은 교회 여성들'에게 용기가 되고 격려가 되고 사례가 되는 '언니의 조언'이 되기를 바란다.

_백소영, 이화여대 이화인문과학원 HK연구교수

차례

먼저 읽은 이의 말 006
2판 서문 011
프롤로그 여자로 산다는 것 014

1부 ──── 내 이름을 찾아 여행하다
살아온 시간, 살아야 할 시간 022 | 생명의 무게 030 | 지금, 여기의 것들 038 | 경계인의 시선 046 | 여성학이 뭐기에? 053 | 머리로 하는 공부, 마음으로 하는 공부 061

2부 ──── 정의로운 사랑을 갈망하다
자기 경계를 익힌 사랑 070 | 내 삶의 지도를 다시 그리기 076 | 부부는 무엇으로 사는가? 083 | 가족 안에서 정의 찾기 091 | 잘 싸우자 099 | 목사의 아내가 할 일 105 | 성경적 가정은 기능적 가정? 112

3부 ─────── 진리 안에서 자유를 얻다

욕망의 맨얼굴 바라보기 120 | 최선의 묵상 128 | 익숙한 곳과의 이별 136 | 선택 앞에 선 우리의 고민 143 | 성에 대해 궁금한 몇 가지 151 | 엄마는 여자의 천직? 160 | 관심인가 오지랖인가? 169

4부 ─────── 그리스도인, 부끄러움을 배우다

하나님의 번역가들 180 | 고객 대우, 사람 대우 189 | 현장, 현장, 현장 195 | 우리에게 필요한 '성장통' 202 | 어디에 서서 세상을 보는가 211 | 참으로 인간적인 교회 219

에필로그 나 자신이 내 인생의 답이 되는 것 229
주註 237

2판서문

자신의 의미를 스스로에게 주장할 수 있는 내적인 힘

글이 넘쳐나는 세상이다. 너무 피곤해서 생산적인 일을 하기 힘들 때, 요즘 말로 멍 때리며 하는 것 중 하나가 포털 사이트 브라우징이다. 처음에는 웹툰을 보다가 그것도 볼 게 마땅치 않으면 이런저런 기사들로 넘어가는데 정말로 글이 많다. 그리고 페이스북을 열면 모두가 저자가 된 세상을 접할 수 있다. 뉴스피드에서 자주 접하는 사람들은 어떤 식으로 자기 담벼락을 운영하는지가 보인다. 아마도 내 담벼락을 관찰하는 사람은 나의 패턴도 읽으리라. 이렇게 글이 많은 세상에서 자기 글을 모아 책으로 낸다는 것은 어떤 의미가 있을까, 새삼 생각하게 된다. 요즘처럼 누구나 똑같이 목소리를 낼 수 있어야 한다는 신념이 강한 사회에서 이 책은 어느 지점에서 읽히게 될까. 게다가 이 책은 한 번 나왔던 책에 포장을 다시 입힌 재판이다. 그래서 더 긴장된다.

가끔 이 책을 다시 펼쳐 들 때가 있다. 어떤 내용은 다소 부끄럽고 어떤 내용은 내가 쓴 거 같지 않게 신통하다. 이 책이 처음 나왔을 때 반향은 약한 편이었다. 제대로 홍보도 하지 못하고 바로 미국 유학을 가 버린 것도 원인이겠지만, 지금처럼 페미니즘에 열린 독자층이 그때는 형성되어 있지 않았다. 만약 지금 이 책이 나왔더라면 더 활발한 토론의 기회가 열리지 않았을까 하는 아쉬움이 있었다. 그런데 감사하게도 이렇게 다시 책을 낼 수 있는 기회가 찾아왔다. 정말 감사할 따름이다.

이 책의 처음 포지셔닝은 전형화된 목회자 사모와는 다른 고민을 가지고 살아온 중년에 접어든 여성의 이야기였다. 그러나 현재의 변화된 독자층을 고려할 때, 그리고 유학을 마치고 나서 후속으로 집필한 종교 페미니즘에 대한 책과의 연관성으로 볼 때, 이 책은 페미니즘의 여러 지형 중 하나, 혹은 페미니즘과는 다른 방향에서 여성의 경험을 이야기하는 방식으로 읽힐 수 있으리라 생각한다. 여성 이슈가 페미니즘의 전유물일 필요는 없다. 대략적인 성비로

인구의 약 절반이 여성이라면, 반대 절반의 남성이 가진 것만큼 다양한 견해들을 여성이 가진다는 게 전혀 이상할 게 없다. 나를 비롯해서 모든 여성이 보람 있고 의미 있는 삶을 살았으면 좋겠다. 그러려면 자신의 보람과 의미를 스스로에게 주장할 수 있는 내적인 힘이 있어야 한다. 그리스도께서 우리를 위하신다면 그 힘을 주시리라 믿는다.

2018년 9월

일본 나고야에서

프롤로그

여자로 산다는 것

여자로 사는 게 쉽지 않았다. 내가 잉태된 순간부터, 이 아이는 반드시 남자여야 한다는 할머니의 강박적 소망에 첫 아이를 임신한 우리 엄마도 마음이 편치 않았다. 그리고 공교롭게도 할머니는 내가 태어난 바로 그날, 나를 병원에서 보시고 집으로 돌아가시던 길에 풍으로 쓰러지셨다. 할머니가 쓰러지신 것과 내가 태어난 것 사이의 인과관계는 결코 증명할 수 없으나, 말하기 좋아하는 사람들은 내가 딸이어서 할머니가 충격을 받아 쓰러지셨다고 했다. 이 이야기를 학교에 들어가기 전부터 들었다. 나는 속으로 생각했다. 내가 여자이기 때문에 못하는 일은 없을 거라고. 남자를 이기고야 말 거라고. 부모에게, 특히 아버지에게 내가 아들

못지않은 존재라는 걸 증명하고 싶었다. 나는 정말 열심히 공부했다. 그리고 그만한 성과를 내었다. 하지만 그다음부터 난관의 연속이었다. 남자의 기준에 맞춰진 인생을 여자로 살아 내면서 오는 괴리가 나를 분열증적 상태에 빠지게 만든 것이다.

종교도 별 도움이 되지 않았다. 기독교 신앙에 회의가 가득하던 시절, 나에게 결정적 걸림돌은 아내더러 남편에게 순종하라고 명령하는 성경의 구절이었다. 성경의 창조론도 예수의 신성도 아닌, 바로 그 문제 때문에 기독교를 받아들이기 힘들었다. 그래도 결국 기독교 안에 머물고, 그 안에서 나름 적극적으로 산 이유는 그 문제가 해결되어서가 아니라, 그것보다 더 큰 전제에 일단은 나를 굴복시켰기 때문이다. 그러나 여자로 사는 인생에서 풀어야 할 숙제는 산적해 있었다.

때가 되어 결혼을 하고 아이를 낳고 살면서도 내 경험의 어느 하나도 내 것으로 온전히 받아들이고 환영하지 못했다. 여자로서 해야 하는 것과 내가 원하는 것은 늘 서로 충돌하기 마련이었다. 당면한 과제들을 해결하며 살지만, 주어진 인생을 살긴 살지만, 그것이 내가 진정 살아야 하는 인생인지 내가 살고 싶은 인생인지 진정 내 것인지 생각할 겨를도 없었고, 생각을 이어 갈 장도 없었다. 그렇게 나의 20대와 30대가 지나갔다.

이제 마흔이 넘어 비로소 내가 누구인지, 어떻게 인생을 살아야 하는지 조금씩 감을 잡으면서 지난 세월을 돌이켜 보니, 나를 붙잡아 준 두 개의 큰 축이 보인다. 하나는 사람을 부르시는 하나님이다. 누군가를 부른다는 것은 그 이름을 부른다는 뜻이다. 하나님은 사람을 부르신다. 그래서 사람은 자기 이름을 가진다. 남자도 부르시고 여자도 부르신다. 남자와 여자의 구분이 없다. 예수님이 여자도 제자로 부르신 사건은 그것을 확실하게 보여 준다. 또 하나의 축은 주체적인 여성으로 사는 것에 대해 치열하게 고민하게 해주고 그렇게 살아갈 수 있도록 생각을 훈련시켜 준 여성학이다. 나는 여성학이 진정 하나님이 주신 것이라고 믿는다.

그 시간들을 지나고 나니 나와는 상황이 다르지만, 여전히 해결되지 않은 산적한 문제들과 씨름하는 여성들에 대해 참으로 애틋한 마음이 생겼다. 내가 특별한 도움을 줄 수 있다고 생각하진 않는다. 하지만 내가 그 시절을 지나올 때, 지금의 고민과 과정이 혼자만의 것은 아니라고, 이상한 게 아니라고, 누구나 그렇게 생각할 수 있고 그렇게 느낄 수 있다고 말해 주는 사람이 한 사람만 있었다면 조금은 덜 외롭지 않았을까 하는 생각을 했다.

사실 사람들과 이야기를 하다 보면 사람은 비슷비슷한 것을 느끼고 경험한다는 것을 확인할 때가 많다. 예전에 고통의 문제에 대한 이디스 쉐퍼의 강연 테이프에서 이런 말을 들었다. 누군가가 자신이 고통 받은 이야기를 할 때 듣는 사람들은 안도감을 느낀다고 한다. '아, 나만 그런 게 아니구나'라는 위로를 받는 것이다. 그것이 인간의 연대감이고, 홀로 살 수 없는 인간의 본능적 욕구인 것 같다. "너만 그런 게 아니야"라는 말을 듣고 싶은 마음 말이다.

여자로 사는 것도 힘든데 기독교 여성들이 이중의 질곡 속에 사는 모습도 참 안타깝다. 교회 내에서 여성의 지위가 일반 사회의 속도를 아직 따라가지 못하는 탓이다. 한때 여성 해방에 앞장섰던 교회가 이제는 두더지 게임 하듯, 자신의 이름으로 살고 싶다고 고개를 드는 여자들의 머리를 망치로 내려치기에 바쁜 것 같다. 그것도 성경과 하나님을 들먹이면서 말이다. 여기에 실린 글들은 무엇보다도 그러한 현실을 살아가는 여성들을 생각하며 썼다. 그리고 아울러 여성들과 함께 사는 남성들이 여성의 목소리로 이야기하는 교회와 사회의 현실에 조금 더 눈뜨기를 바라는 마음으로 썼다.

이 글들의 모태는 마흔 고개를 넘기면서 처음으로 고정 지면을 할애 받아 공개적인 글쓰기를 시작한 월간 〈복음과 상황〉에 실린 원고다. 그것을 책으로 엮기 위해서 수정하고 내용을 추가했다. 잡지에 실린 글을 책으로 엮기 쉽지 않다고 하는데, 이렇게 책의 모양새를 갖추도록 기획해 준 이경희 씨에게 감사를 드린다. 그리고 출판계의 어려운 현실에도 베스트셀러와는 거리가 먼 원고를 기쁘게 받아 출간해 주신 김도완 대표님께 감사를 드린다. 언제나 내 글의 생생한 사례가 되어 준 남편에게 고맙고, 엄마가 컴퓨터 앞에 앉아 있는 시간만큼은 되도록 말을 걸어서는 안 된다는 사실을 알고 잘 참아 준 아들에게 고맙다. 사실 아들에게는 미안함이 더 크다. 엄마가 자기만 바라보고 살지 않고 엄마의 인생을 살기 위해 고군분투하는 것을 언젠가는 이해해 주었으면, 그래서 나중에 자신의 배우자도 그렇게 이해할 수 있었으면 하는 것도 내 욕심인지 모르겠다. 지금까지 무탈하게 잘 자라 준 것이 고마울 따름이다. 당신들의 기대와는 영 어긋난 길을 가는 딸을 지켜보며 어려울 때마다 도움의 손길을 마다하지 않으셨던 부모님께도 미안함과 고마움이 교차한다. 마흔이 넘은 나이에도 마음으로 의지할 수 있는 부모님이 계시다는 것은 분명 큰 축복이리라.

굴곡지고 내세울 것 없는 인생이지만 내가 살아온 길이, 앞이 보이지 않는 것 같은 시간을 사는 여성들에게 조금이나마 위로가 되었으면 좋겠다. 혼자가 아니구나, 하는 정도의 위안을 줄 수 있다면 참 기쁘겠다. 남성들은 때로 불편하게 느낄 수도 있는 글들이건만, 그동안 남성 독자들의 지지도 꽤 있었다. 아마도 함께 살아가는 동반자 여성에 대한 이해와 공감이 전과는 다르게 깊어지고 커졌기 때문일 것이다. 그러한 이해와 공감을 기반으로 함께 힘을 합해 다음 세대에는 조금 더 남녀가 평등한 사회를 물려주면 좋겠다.

"여성학이 도대체 뭐기에?"라고 내게 묻는다면 그동안 보편적 인간의 자리를 차지했던 남성의 경험으로 나를 이해하는 것이 아니라, 여성이자 인간으로 그리고 인간이자 여성으로 살아갈 수 있게 도와준 학문이라고 대답하고 싶다.

1부

내 이름을 찾아 여행하다

1

살아온 시간, 살아야 할 시간

6년을 살다가 떠났던 대야미에 다시 이사 와서 올해로 3년째 살고 있다. 남편의 일터를 따라 자연스럽게 이루어진 이사였지만 서울 한복판에 살다가 다시 경기도 외곽으로 내려오면서, 밀려나는 느낌이 들었다는 사실을 부인할 수 없다. 서울의 높은 집값을 감당하지 못했던 것도 사실이고, 대형 교회의 바쁜 생활을 감당하기 힘들었던 것도 사실이기 때문이다. 상향성의 삶이 아닌 하향성의 삶을 지향해야 한다고, 중심이 아닌 주변을 택해야 한다고 늘 마음에 도전을 받았지만, 나이 마흔이 되어서 택하는 하향성의 삶과 주변의 삶이 당당한 선택으로 보이기보다는 패배에 대한 거창한 변명으로 보이는 것 같다는 자격지심은 어디에서 비롯되는 것일까? 말하자면, 할 수 있었지만 하지 않았다가 아니라, 할 수 없었기 때문에 하지 못한 것이 아닌가 하는 묘한 패배 의식이 마음 한구석에 자리 잡고 있었다고나 할까.

13년 전 대야미에 처음 이사 온 후 1년은 정말 행복했다. 결혼 생활 16년 동안 남편의 백수 생활이라는 선물을 6년간 받았는데, 그중에서 3년을 일산에서 보내고 1년을 대야미에서 보냈다(나머지 년은 훗날 서울에서 보내게 된다). 그동안 우리는 내 번역 수입으로 살았는데, 그때 나는 딱 필요한 만큼만 벌고 나머지는 시간으로 쓴다는 원칙을 세웠다. 번역은 알다시피 일하는 만큼 버는 직업이다. 많이 하면 많이 벌고 적게 하면 적게 번다. 그러나 나는 몸이 그다지 건강한 편도 아니고, 공부에 대한 미련도 있었기 때문에 그렇게 원칙을 정했다. 1997년 무렵이던 그때, 우리는 한 달 평균 65만 원 정도로 생활했다. 지금 생각하면 참 신기한 것이 그 당시에는 카드도 쓰지 않았고 마이너스 통장이고 뭐고 일체 빚이 없었다. 그냥 한 달 빠듯하게 살 정도의 금액이었다. 돈 대신에 시간을 쓰기로 했기 때문에, 사람을 만날 때 밖에서 만나지 않고 집으로 초대해 같이 밥 먹고 이야기했다. 결혼 축의금을 줄 돈이 없었기 때문에 집에서 내가 손으로 무엇을 만들어서 선물했다. 물론 축의금이 없어서 결혼식 참석도 못하고, 결혼 전에 집으로 초대해 같이 식사를 한 경우도 있다.

이렇게 일산과 대야미에서 4년을 보냈다. 그런데 신도시 일산에서 살 때보다 시골 마을 대야미에서 살 때가 훨씬 더 자유롭고 만족스러웠다. 일산에서는 돈을 쓰지 않고 할 수 있는 놀이가 별로 없었다. 나가면 대형 할인점과 백화점뿐이었고, 호수공원은 걷기에는 좋았지만 별 감흥이 없었다. 그런데 시골로 이사 간 후로는, 매일 산에 다니고 텃밭도 가꾸며 놀았다. 더없이 좋았고 따로 돈이 드는 일도 아니었다. 여전히 사람들을 집으로 초대해 만나고, 그렇게 오는 손님에게 텃밭 구경, 산 구경 시켜 주는 재미도 좋았다. 돈을 쓰지 않고 시간을 쓴다는 의미를 진정으로 체험했던 시기이다.

그러나 그 생활도 잠시, 바로 다음 해부터 남편은 신학교에서 나는 대학원에서 공부와 일을 병행하는 시기로 접어들었고 그다음 해에는 뒤늦게 아이도 생겼다. 더 이상 돈을 쓰지 않고 시간으로 버티는 생활이 불가능해진 것이다. 그리고 어느덧 우리 사회도 저당을 잡혀 집을 사는 것이 주된 패턴으로 자리 잡았고, 나 또한 안전한 보금자리를 위해 미래의 기약할 수 없는 시간을 저당 잡히고 빚을 내어 집을 샀다. 그렇게 빚을 냈기 때문에 나는 더 많이 일을 해야 했다.

보스턴 대학의 사회학 교수인 줄리엣 쇼어_Juliet B. Schor_는 그 어느 때보다 풍족한 시대이지만, 그 어느 때보다 여가 시간은 없는 현대의 미국 사회를 분석한《과로하는 미국인: 예상치 못한 여가의 감퇴_The Over Worked American: The Unexpected Decline of Leisure_》라는 책에서, 산업혁명 이전에 인류는 돈을 쓰지 않고 시간을 썼다고 말한다. 화폐와 시장과 경쟁이 중심이 되는 소비사회가 자리 잡기 전에는, 돈을 더 벌기 위해 시간을 희생하지 않았다. 그러나 점차 사람들은 여유롭게 일하는 노동 형태 대신에 더 많은 돈을 택했고, 이제는 자신의 노동을 시간보다 물질로 보상받는 것에 더 익숙해져서 여가에 대한 욕망은 줄어들고 소비를 통해 만족을 누리게 됐다. 더 많은 시간보다 더 많은 물질을 원하게 된 것이다. 그래서 어쩔 수 없이 '쓰고 일하고'의 순환에 빠지게 되었는데, '쓰기 위해 번다'는 요즘의 말과 같은 뜻이다.

이런 사회로 진입하는 데 큰 몫을 한 것은 기업이다. 기업은 숙련된 노동을 확보·유지하기 위해 높은 임금과 부가 급여를 주고 그 대신에 노동자의 시간을 저당 잡는다. 노동자 수를 늘리는 것보다 한 명의 근무시간을 늘리는 것이 기업에게는 유리하기 때문에, 시간 외 수당과 여러 가지 혜택을 주어 노동자가 더 많은 시간과 노력으로 회사에 충성하게 만든다. 장시간을 회사에서 보내는 데 익숙해지면, 시간이 있어도 여가로 쓸 줄 모르게 되므로 갈수록 시간 대신 돈을 택하게 된다. 말하자면 일 중독자가 되는 것이다.

다시 대야미로 오기까지 9년 정도를 빚과 노동의 악순환 속에서 살다 보니 어느덧 일상이 되었고, 돈 대신 시간으로 쓴다던 말은 꿈같이 되어 버렸다. 처음 이곳으로 이사 올 때와는 달리 지금은 과연 벌어서 갚을 수 있을지 의심이 가는 숫자의 빚이 있고, 그래서 매달 정확하게 돌아오는 이자 납부일을 기억하며 나는 열심히 자판을 두드린다. 분명 그때보다 집도 커졌고, 살림살이도 훨씬 더 갖췄다. 그런데 그때는 나 혼자 일해도 시간이 있었는데, 지금은 부부가 같이 일해도 바쁘다.

그러면서 생각해 본다. 그때와 지금, 무엇이 달라진 것일까. 그래, 시간이 흘렀다. 아이가 없는 젊은 신혼부부는 좀 구차해도 초라해 보이지 않는다. 그래서 돈 대신 시간으로 쏜다며 궁상을 떨어도 가치 있는 신념으로 보일 수 있다. 그러나 아이가 있고 나이 들어서도 그렇게 살려면, 그것이 가치 있는 신념으로 보이려면, 억지스럽지 않아야 한다. 그러나 억지스럽지 않으려고 애쓰다 보면 어느새 나 역시 시대에 합류하여 그냥 살기에 급급해진다. 그 시류에 편승하지 못할 때 이렇게 묘한 패배감까지 느낀다.

'바름'에 집착하던 젊은 시절, 그리고 비판하기는 쉬워도 실제로 그렇게 살기는 어렵다는 말이 사무치게 와 닿지 않던 시절에는 선택도 빠르고 화끈했다. 내가 정말 그러한 삶을 감당할 수 있는지, 가지지 못한 것에 대한 결핍감이나 시기심 없이 온전히 내 삶으로 다 받아들일 수 있는지는 고민하지 않았다. 그러나 시간이 지나면서 나는 정말로 옳다고 생각하는 것을 내 마음과 삶으로 다 받아들이고 끌어안았나, 나는 정말로 그것을 내 것으로 받아들였나, 하는 생각이 들기 시작했다. 하향성의 삶도 주변부의 삶도 외침이나 선언으로 되는 것이 아닌데, 그것을 내 것으로 삼을 내공도 갖추지 못한 채, 늘 한 걸음 앞서가는 이성적 판단으로 나 자신이 마치 그것을 다 이룬 양 살았던 것이 내 젊은 시절이 아니었는지 이제 와서 생각하게 된다. 그래서 지금에 와서 그것이 당당한 선택이 아니라, 거창한 변명처럼 여겨지나 보다.

모리타 히로유키 감독의 〈고양이의 보은〉이라는 일본 애니메이션을 보면, '자기의 시간을 사는 것'에 대한 이야기가 나온다. 인간의 은덕을 입은 고양이가 보은을 하겠다고 그 인간을 고양이의 나라로 데려가는데, 그 나라에서 고양이들은 자기의 시간을 살지 못한다. 그곳으로 끌려간 주인공이, 왕자 고양이의 신부로 그냥 이렇게 살아도 좋지 않을까, 하고 생각하자 급격히 고양이의 모습으로 변해 간다. 그러나 자기 모습으로 자기 시간을 살아가야 한다는 일깨움을 받고, 스스로의 노력과 주변의 도움으로 다시 인간 세계로 돌아와 자신의 인생을 더 충만하게 살아간다.

자신의 시간은 자기에게 주어진 인생이다. 그리스도인에게 자기 인생은 하나님의 뜻을 이루어야 할 현장이다. 그런데 그 하나님의 말씀과 내게 주어진 인생은 조화를 잘 이루지 못한다. 하나님의 말씀이 이루어져야 할 내 인생의 토양이 참으로 척박하기 때문이다. 그 척박한 토양을 묵묵히 갈아엎는 과정이 내 인생을 내 것으로 받아들이는 과정이 아닐까? 내 땅에 어떤 모나고 거친 것들이 박혀 있는지, 파내고 골라내면서 나를 알아 가게 된다. 그리고 내가 그 땅을 고른 정도만큼 토양에 뿌려진 하나님의 말씀도 내 안에서 제대로 구현된다.

  아무래도 젊은 날, 나는 내 땅을 충분히 고르지 않은 상태에서 바른 것만 찾아다녔나 보다. 그래서 그것이 내 것이 되지 못하고, 공허한 선언으로만 남았나 보다. 내 토양이 준비된 만큼 내가 정말로 할 수 있는 만큼 조금씩 이뤄 가며 살았더라면, 덜 위태하고 더 겸손한 사람이 되지 않았을까. 보통 마흔을 인생의 하프타임이라고 한다. 내가 살아온 시간을 밑거름 삼아 앞으로 살아야 할 시간을 위해 새 틀을 짜는 시기. 낡은 지도를 버리고 새 지도를 그려야 할 시기. 부디 살아야 할 시간이 살아온 시간보다 조금은 더 지혜롭기를 바라본다.

2 생명의 무게

임신한 아기의 형태를 초음파로 포착하려면 태아의 몸무게가 최소한 1-4그램은 되어야 한다. 이제 막 팔과 다리를 형성하기 시작하는 아기의 무게를 성인 남성의 평균 몸무게와 비교한다면, 저울의 오차라고도 하기 힘든 미미한 무게인 셈이다. 그렇다면 생명의 관점에서 이 둘의 차이는 얼마나 날까? 그 차이는 물리적인 무게가 아닌 문화적인 무게의 차이일 것이다.

나의 첫 번째 임신은 10주 만에 종결되었다. 원인 모를 유산이었고, 수술을 할 수밖에 없었다. 공교롭게도 수술 후 회복 중일 무렵에 시댁 큰아버님이 당뇨 합병증으로 생사의 기로에 계셨다. 생명의 무게는 (유교 문화권이니만큼 당연히)

집안 장손인 큰아버님께 절대적으로 쏠려 있었고, 결국 내가 경험한 죽음을 제대로 애도할 겨를도 없이 큰아버님의 장례를 치러야 했다. 유산에 대한 주변의 반응은 '병가지상사'라는 것이었다. 하지만 내 마음은 절절 끓었다. 미미한 크기와 무게의 생명이지만, 임신 중일 때는 물도 못 마실 정도로 심한 입덧에 시달리다가 임신의 종결과 함께 돌아오는 식욕을 경험해 본 사람이라면, '병가지상사'라는 말을 쉽게 하지 못할 것이다. 그때의 느낌은 아주 절친한 누군가의 장례식장에서 국에 밥을 말아 먹고 있을 때와 비슷하다.

유산, 사산, 신생아 사망을 경험한 부모들의 이야기를 책으로 엮은 《아기가 죽는다면 *When A Baby Dies*》[1]의 서문에 보면 이런 말이 있다. "아기를 잃는 것은 사람을 잃는 것이다. 임신에 대해 긍정적인 모든 부모는 미래의 계획뿐만 아니라 현재의 삶에도 아기의 모든 것을 포함시킨다. 아기는 태어나기 전부터 배려와 사랑과 관심의 대상이 된다.…배 속의 아기에게 자신의 많은 부분을 바친 부모는 아기가 죽을 때 자신의 일부가 죽는 경험을 하기도 한다."

결혼한 여성들과 이야기를 해 보면 유산은 결코 드문 경험이 아니다. 자신은 경험하지 않았더라도 주변에서 몇 사례는 금세 꼽을 수 있을 만큼 우리 사회에서는 유산이 흔하게 일어난다. 그러나 유산은 다른 질병과는 달리 한 생명의 종결을 의미하기 때문에 반드시 애도의 과정이 필요하다. 하지만 유산을 둘러싼 우리 사회의 반응은 앞에서 말한 대로 '병가지상사'이다.

두 번째로 유산을 하고, 이번에는 정밀 검사를 받기 위해 대학 병원을 찾았을 때의 일이다. 세포가 다 죽기 전에 빨리 조직 검사를 해야 한대서 즉시 대학 병원으로 향했다. 나는 정신이 반쯤은 나가 있는 상태였다. 이번에는 아기 심장소리까지 확인했던 터라 충격은 더 컸다. 주체할 수 없이 눈물을 흘리며 의사 앞에 앉았는데, 습관성 유산 전문의라는 그 유명한 의사가 내게 호통을 쳤다. "다른 사람들은 세 번, 네 번도 하는데 두 번 가지고 뭘 그러느냐!" 어이가 없었다. 유산 횟수 자랑하는 장소도 아니고, 몸에 종기가 났다 사라지기를 반복하는 것도 아닌 생명의 문제 앞에서, 나를 비롯해 대기실에 앉아 있는 여자들을 건강한 아기 출산이라는 성공을 향해 시행착오를 반복하며 꾸준히 매진하는 선수들처럼 대하는 의사의 태도라니!

교회의 태도도 말만 순화되었을 뿐이지 별반 다르지 않았다. 내가 가장 많이 들었던 위로의 말은 '하나님이 결국에는 좋은 선물을 주실 것이다'였다. 유산이든 사산이든 아기를 잃은 부모에게 가장 필요한 것은 다음의 성공을 기약하는 말이 아니라, 지금 잃은 내 자식, 이 생명의 상실에 대한 깊은 애도이다. 하나님을 모르는 사람들이야 그렇다 치더라도 태에서 생명을 조직하신 하나님을 믿는다는 사람들은 조금 달라야 하지 않을까. 더군다나 부활을 믿는 그리스도인이라면….

탤런트 이혜은 씨가 임신이 상당히 진전된 7개월째에 유산한 경험을 방송에서 이야기했다는 기사를 봤다. "그 당시에도 고통스럽고 힘들었지만 잃고 난 후의 후유증이 더 컸다.…모든 과정은 폭풍처럼 지나갔는데 애만 없었다. 모유는 콸콸 나오고…."[2] 7개월에 유산했다면 분명 유도 분만을 했을 것이다. 만약 그때 아기를 씻겨서 좋은 옷을 입혀 엄마 품에 안겨 주고 제대로 아이와 이별할 수 있게 해 주었다면, 후폭풍은 달랐을 것이다. 물론 슬픔과 허전함은 이루 말할 수 없겠지만, 그래도 아기의 존재를 제대로 대우해 주었기에, 엄연한 사람으로 인정해 주었기에, 혼란과 공허함은 훨씬 덜했을 것이다.

앞에서 인용한 책 《아기가 죽는다면》에서 어느 부모는 25주째에 태어나 20분 만에 숨을 거둔 딸이 병원에서 어떻게 존중받았는지 설명한다. "병원 직원들은 이 일이 그냥 잊어버려야 하는 실망스런 사건이라고 생각하게 하지 않았다. 살아 있지 않았는데도 우리 아기 '나오미'는 중요했다. 간호 수녀가 우리에게는 3살짜리 (큰딸) 로이스와 (이제 막 숨을 거둔) 나오미라고 하는 두 딸이 있음을 강조했고, 나오미를 결코 잊지 못할 존재로, 긍정적으로 생각하도록 격려했다.…그들은 나오미에게 가운을 입혀서 내가 원하는 만큼 안고 있게 해 주었고, 나오미는 내 품에서 죽었다.… 우리가 원하는 때에 나오미에게 작별인사를 하고 병원 직원에게 넘겨줄 수 있게 해 주었다.…근무 중인 다른 직원들도 나오미를 보고 싶어 했고, 그러한 사실은 나오미가 생존하지 못했기 때문에 그냥 실패한 사례가 아니라, 중요한 존재라는 느낌을 가지게 해 주었다. 직원들은 언제나 아기를 '나오미'라는 이름으로 불렀고 그래서 우리는 아기에 대해서 뿌듯함을 느낄 수 있었다."

즐겨 보는 미국 드라마에서 사산한 아이를 보지 않으려고 하는 엄마를 억지로 설득해서 보게 하는 의사도 보았다. 임신 8개월에 아이가 죽은 것을 알고 유도 분만을 한 후에 산모 옆 신생아용 침대에 아기를 눕혀 놓았는데 엄마는 아기를 보려 하지 않았다. 그러나 의사는 여러 차례 병실을 드나들며 아이 아빠에게 말했다. 엄마가 아기를 꼭 안아 보고 제대로 작별해야 한다고. 그렇지 않으면 두고두고 후회할 거라고. 의사의 오랜 경험에서 나오는 말 같았다. 결국 엄마는 설득되었고, 아기를 품에 안고 펑펑 울며 작별을 했다.

제대로 작별한다는 것은 존재에 대한 인정이라고 생각한다. '인사도 하지 않았다'의 의미가 사람에 대한 예우를 갖추지 않은 것에 대한 비판인 것처럼 아이의 존재를 인정한다면 제대로 작별 인사를 하는 것이 마땅하지 않을까.

두 번의 유산을 경험하고 세 번째 임신으로 아이를 얻은 나는 이제 임신과 관련된 시련은 다 지나간 줄 알았다. 그래서 첫 아이를 낳고 4년 만에 둘째를 임신했을 때, 유산의 위험이 있는 10주차를 무사히 넘긴 후부터는 별다른 걱정을 하지 않았다. 그러나 출산 예정일을 3주 남겨 두고 아이는 세상 빛을 보지 못하고 내 배 속에서 죽고 말았다. 앞에서 인용한 책과 드라마는 그렇게 내 아이를 떠나 보낸 후에 보았던 것들이다. 그러한 일이 내게 닥칠 줄 미리 알았다면, 그래서 그럴 때는 어떻게 해야 하는지도 알았다면 나는 아이를 보여 달라고 요구했을 것이다. 그러나 정기검진을 갔다가 엉겁결에 유도분만제를 맞고 한 시간 반 만에 죽은 아이를 낳은 상황에서 나는 뭘 어떻게 해야 할지 몰랐다. 나는 지금도 그때 용기를 내어 아이를 보게 해 달라고, 안게 해 달라고 말하지 못한 것을 후회한다.

아기를 위한 장례 절차가 제대로 없었음은 말할 것도 없다. 스티로폼 박스에 넣은 채로 병원에서 보관하다가 이틀 후 화장터에서 화장되었고 뼛가루는 그 근처에 뿌려졌다. 남편은 화장터에서 아기를 건네받은 사람이 생명을 가장 정중하게 대했다고 나중에 말했다. 아마도 죽음을 많이 다뤄 본 사람이기 때문에 가질 수 있는 자세일 거라고 우리는 추측했다. 반면에 병원에서 나를 담당했던 산부인과 의사는 기독교인이었던지, 분만 후 나에게 "하나님이 다음에 더 좋은 걸로 주실 것"이라고 말했다.

사산을 하고 내가 얻은 깨달음은 고통과 시련은 예고도 없고, 딱히 이해할 수 있는 차원의 뜻도 없다는 것이다. 유산을 두 번이나 겪은 내가 사산까지 하게 될 줄 누가 알았을까. 하나님의 선한 뜻이 온전한 아기로만 확인된다면 이 세상에는 부정되어야 할 것이 너무도 많다. 나는 교회가 아이의 생명 앞에서까지 이런 성공주의를 보여 주지 않길 정말로 바란다. 10주 된 아이건, 7개월 된 아이건, 10개월 된 아이건, 생명의 상실 앞에서 느끼는 비통함은 여느 성인 남자가 죽었을 때와 마찬가지의 무게다. 엄마의 몸에 그리고 아빠의 마음에 엄청난 폭풍을 일으키고 떠나간, 미처 태어나 자라지 못한 아기의 무게나 건강하게 잘 살다 간 성인 남자의 무게나, 우리가 새 몸을 받고 부활할 것을 생각하면 같은 무게이다.

3

지금, 여기의 것들

아이의 걸음은 어른과 비교할 수 없게 느리기도 하지만(사실 빨라도 어른보다 다리가 짧아서 처질 수밖에 없다) 가야 하는 목적지만 보고 서두르는 엄마와는 달리 지나가며 눈에 들어오는 모든 것에 참견하기에 아이를 데리고 다니는 것이 엄마 입장에서는 여간 힘든 게 아니다. 아이는 마치 지금만 존재하는 듯, 한 걸음 한 걸음 내디딜 때마다 날아가는 나비, 신기하게 생긴 돌멩이, 길 한쪽에 쌓인 흙더미에 관심을 돌리기 바쁘다. 인도 옆 논 한쪽 편에 있는 물웅덩이에 돌멩이도 던져 봐야 하고, 높이 쌓인 흙더미에는 꼭 한 번 올라가 봐야 한다. 아이는 다음 일정이 무엇인지는 아랑곳 않고 지금 자신이 걷는 그 길에 있는 모든 것에 주의를 기울인다.

반면에 나는 같은 길을 걸으면서도, 집으로 가는 중일 때는 돌아가서 할 일 생각, 어딘가로 가는 중일 때는 서둘러 도착해야 한다는 생각으로 앞만 보고 부지런히 걷는다. 길을 걷는 지금은 생각 속의 많은 일을 실제로 할 수 없는데도 나는 그 순간에 머물지 못하고 목적지로 향하는 발걸음만 재촉한다.

생각해 보면 나는 지금까지 평생을 그렇게 살았다. 아니, 나에게도 어린 시절이 있었으니 평생이라고 말하기는 뭣하지만, 어쨌든 내 성인기의 대부분은 늘 무엇인가에 쫓기듯, '이것만 하면 되겠지, 이것만'이라고 되뇌며 살았다. 특히 한참 허리띠 졸라매고 아이 교육하고 노후를 대비하며 살아야 하는 40대는 안정된 미래를 위한 계획만 빼곡할 뿐, 정작 지금은 그저 살기 벅차다는 생각밖에 하지 못한다. 최근 들어 입버릇처럼 하는 말이 "나도 2, 3년 후에는 일을 조금 줄이고 쉬고 싶다"이다. 속으로는 '그때까지만'을 되뇌며 내게 주어진 지금을 꾹 참고 지나가는 시간으로 채우고 있다. 그 시간의 대부분이 이른바 일상이라는 것이다. 한 끼라도 밥을 굶으면 힘이 없고, 잠이 모자라면 머리가 멍하고, 매일같이 씻지 않으면 더러워지는 인간이기에 자기 보존 활동이 생활의 대부분을 차지하고 그렇게 살아가는 하루하루를 우리는 일상이라고 부른다. 얼마 전부터 부쩍 일상에 대한 성찰이 많아졌다. '일상'이라고 하면 거창하게 들리지만, 사실 나는 일상을 좀 고단하게 보는 입장이다.

즐겨 인용하는 글인데, 나는 고故박완서 선생님이 묘사한 여자의 살림살이가 곧 일상의 특징이라고 생각한다. "어제의 노고를 무無로 돌리고 밤사이에 정확하게 제자리로 돌아와 쌓여 있는 여자의 일, 일, 또 일. 빨래거리, 연탄불 갈기, 먹을 것 장만하기, 청소 등 어젯밤에 분명히 다 끝낸 줄 알고 자리에 들었건만 아침이면 정확히 어제 아침만 한 부피로 돌아와 쌓여 있는 일과의 영원한 일진일퇴一進一退의 싸움질, 시쉬포스의 신화는 바로 다름 아닌 여자의 이 허망한 노고를 이름이렷다"(《봄에의 열망》 중에서). 밥하고 돌아서면 또 밥할 시간이라고 말하는 주부 입장에서 일상을 아주 정확하게 표현한 글이 아닐 수 없다. 그러나 회사원의 일상을 묘사할 때도 "다람쥐 쳇바퀴 돌듯"이라는 표현을 종종 쓰니 그 일상 또한 지루하고 고단하기는 마찬가지 같다.

하지만 그날그날의 일과를 습관처럼 살다가 가끔씩 정신이 번쩍 들면서 자신이 사는 그 순간 자체의 소중함에 눈이 확 뜨일 때가 있다. 나의 경우는 둘째 아이를 사산했을 당시가 그랬다. 임신 기간 내내 나는 몸이 너무 피곤해서 놀아 달라고 하는 큰아이에게 늘 "엄마가 애기 낳으면 그때 놀아 줄게"라고 했다. 정말이지 임신 기간이 빨리 지나가기만을 기다리며 하루하루를 살았다. 내 몸이 너무 힘드니까 배 속 아이에게 큰 애정을 느끼기도 힘들었다. 그런데 아이가 죽은 채로 태어나자, 아이와 내가 세상에서 함께 할 수 있었던 유일한 시간이 그렇게 지나가 버렸다는 생각에 정신이 번쩍 들었다. 그때 큰아이가 새롭게 보였다. 어떤 의미에서 내 아이가 가지고 있는 모습은 지금으로 끝이라는 생각이 들었다. 아이는 계속 자라기 때문에 지금 모습은 지금뿐인 것이다. 내일이면, 다음 주면, 다음 달이면, 아이는 지금의 모습이 아니다.

그러나 누군가의 죽음을 대가로 얻는 깨달음이 그리 반갑기만 할 수는 없다. 귀한 깨달음 이면에 한 생명의 희생이 있었다는 생각은 또 다른 괴로움을 부른다. 결코 돌이킬 수 없는 일인데도, '그때 이랬더라면' 하는 회한으로 이제는 과거에 집착하게 된다. 우리에게는 미래의 어느 시점엔 벗어나 있기를 바라는 현재의 모습이 있다. 그만큼 돌이키고 싶은 과거도 있다. 그래서 지금이라는 순간에 온전히 거하기보다는 과거와 미래를 오가며 회한과 기대 속에 살기가 더 쉬운 것 같다. 결국 '지금'을 온전히 받아들이고 그 순간에 머물려면, 지금의 '나'에 대한 수용이 꼭 필요하다. '지금'이라는 순간을 자각하는 '나'에 대한 수용이 없다면 그 순간을 그대로 받아들이고 살기가 힘들 것이기 때문이다.

그리스도인으로 산 오랜 세월 동안 나는 '지금'과 지금의 '나'를 수용하기가 참으로 어려웠다. 기독교는 나에게 용서보다는 당위의 종교였다. '기독교인이라면'의 기준이 청년 때부터 나를 따라다녔다. 바름의 독선에 빠져 모든 것을 판단할 수 있는 눈이라도 가진 것처럼 굴던 시절도 있었다. 헤르만 헤세의 소설에 나오는 인물 중에서 골드문트보다는 나르치스[3]가 나의 동일시 대상이었다. 그러므로 현실의 나는 늘 내가 불만이었고, 그러한 내가 처한 현실도 만족스럽지 않았다.

30대 초반에 나보다 여덟 살이 많은 선배가 말했다. 30대 중반이 넘으면 자신을 많이 용서하면서 살아야 한다고. 여러 면에서 '젊을 때'에 미치지 못하는 나를 용서하면서 살지 않으면 힘들다고. 그것 또한 어떠한 기준에 도달하지 못하는 나에 대한 수용임을 나중에 깨달았다.

젊었든 늙었든, 현실의 나는 늘 불만족스럽다. 현실의 내가 불만족스러우면 온전히 현실에 거할 수 없다. 그런데 하나님이 우리에게 살라고 주신 시간은 현재이다. 현재를 현재답게 살려면 만족스럽지 않아도 그대로 받아들일 수밖에 없다. 그래서 우리에게는 지금의 그대로도 괜찮다는 용서가 필요하다. 그래야 다음 단계로 나갈 수 있다. 우리를 미래로 이끄는 힘은 현재의 불만이나 결핍이 아니라, 현실의 수용과 용서여야 한다.

일상의 지난함을 이야기하다 용서까지 왔다. 은혜의 깊이에 대해서는 잘 모르지만, 성경에 기록된 은혜의 사건들은 지극히 평범한 일상 속에서 일어났다. 아브라함의 이야기를 읽으며 도대체 하나님이 몇 년에 한 번씩 아브라함 앞에 나타나셨나 세어 본 적이 있다. 기본 10년이 넘었고 어떤 때는 20년도 넘었다. 그 사이 시간에는 크고 작은 온갖 일이 있었을 것이고, 그러한 일상을 살던 아브라함에게 가물에 콩 나듯 한 번씩 나타나신 하나님은 큰 사건으로 각인되어 그를 믿음의 사람으로 키웠다. 일상을 사는 평범한 사람들에게 일어난 은혜의 사건들이 성경에는 많다. 지금 여기의 것들인 일상이 은혜의 재료인 셈이다. 아브라함이 부지중에 천사를 대접할 수 있었던 이유는 자기 일상에 환대가 배었기 때문일 것이다. 일상이 은혜의 재료라면 지난하고 지루하고 힘들망정 '정성스럽게'[4] 살아 낼 수밖에 없다. 그러나 사람인지라 늘 그럴 수는 없기에, 때로 불평하고, 짜증내고, 화내고, 우울하고, 지치고, 무기력한 우리에게는 용서가 필요하다. 그렇게 이미 은혜가 있다고 생각하면 일상을 정성스럽게 사는 것도 가능한 것 같다.

과거는 돌이킬 수 없고 미래는 아직 오지 않았으니, 내게 주어진 시간은 현재밖에 없다. 우리는 지금의 불만족 혹은 부족을 개선하거나 메우려고 노력하면서 그것이 해결되었을 미래를 내다보며 현재를 산다. 혹은 지금이 너무 불만스럽고 미래도 보이지 않으면 좋았던 과거를 회상하거나, 그저 그랬던 과거를 미화하거나, 아니면 공상을 하며 현재를 산다. 어떠한 이유에서든 인간이 자신의 현재에 온전히 거하기란 쉽지 않은 과제이다. 그럼에도 '지금'과 '지금의 나' 그리고 나아가서 '지금 여기에 있는 모든 것'을 정성스럽게 살아 내려는 노력은 그분의 은혜와 용서 때문에 가능함을 기억하고 하루하루 살아야겠다.

마흔이 넘으니 죽음의 소식을 자주 접한다. 그럴 때면 나의 죽음에 대해서도 한 번씩 생각하게 된다. 개인의 종말이든 세상의 종말이든, 그때가 언제 올지 모르니 깨어 있으라고 성경은 말한다. 지금까지 나는 이 말씀을 언제 선생님이 오실지 모르니 장난치지 말고 바른 자세로 책상에 앉아 있어야 한다는 지시와 비슷하게 이해했다. 그래서 선생님이 오나 안 오나만 신경 쓰는 사람처럼 살았다. 그러나 이제 보니 이 말씀은 날마다 용서받으며 살라는 뜻이었다. 현실의 모든 부족함을 용서받았으니 언제 종말이 오든 지금을 충실하게 살라는 것이다. 종말에 대한 확고한 신앙은 현실을 회피하지 않고 적극적으로 살게 하며, 이것이 기독교 종말론이 가지는 힘이라고 한다. 이 또한 '지금 여기의 것들'을 더 사랑할 수밖에 없는 이유이다.

4 　　　　　　　　　　　　　　　　**경계인의 시선**

미운 오리 새끼는 사실 백조였고, 백조의 무리와 어울림으로써 마침내 자신의 정체성을 찾는다. 내가 원래 여기 속한 사람이 아닌 것 같다는 이질감, 소외감은 아주 이른 나이부터 시작한다. 그럴 때 이 동화는 네가 이상한 사람이 아니라 네 동류를 찾지 못해서 그런 것이라고 위로해 준다. 그런데 인간은 그리고 인간 사회는 조금 더 복잡해서 동류를 찾는 것이 그렇게 간단하지가 않다. 심지어 '동류'의 정의부터 묻게 된다.

　영국 사람들이 한국을 중국이나 일본과 구분하지 못하던 1980년도에 나는 부모님을 따라 영국에 갔다. 그곳에서 내 동류는 한국에서 온 사람들이었다. 그저 한국 사람이라는 사실 하나로 동류의식을 느끼기에 충분했다. 그러나 그것은 한국으로 돌아오면서 깨졌다. 영국에서는 다 같은 한국 사람이었는데, 한국으로 돌아와 보니 사는 동네가 달랐다. 난 (당시에는 촌이었던) 울산에서 자라고 학교를 다닌 아이였고 친구들은 서울 강남 출신이었다. 영국에서 흔하게 먹던 맥도날드가 한국에 처음 들어온 해를 1985년으로 기억한다. 압구정동에 1호점이 생겼고 가격도 비쌌다. 영국에서 방학이면 친구들과 어울려 즐겨 먹던 음식이, 한국에 오니 친구들은 동네에 나가면 먹을 수 있고 나는 울산에서 서울까지 와야 겨우 먹을 수 있었다. (맥도날드 프랜차이즈의 수입이 선진화의 표지라거나 맥도날드로 대변되는 세계화를 긍정적으로 봐서 하는 이야기가 아니다.)

그 후로 나의 동류 그룹 찾기는 늘 순탄치 못했다. 결혼하고 아이가 늦다 보니 비슷한 나이에 결혼해 한창 아이 키우기 바쁜 다른 여성들과 어울리기가 힘들었다. 훗날 아이를 낳고 보니 내 아이와 비슷한 또래를 키우는 여성들은 다 나보다 많이 어렸다. 남편이 사역을 시작하고 나서는 교인들 가운데서 동류 그룹을 찾을 수가 없었고, 남편의 사역을 뒷바라지하며 내조하는 것을 자기 사명으로 아는 다른 사모들 가운데서도 동류 그룹을 찾을 수 없었다. (아는 선배는 사모가 되고 나니 자신은 섬이 되더라는 표현을 썼다.) 여성학을 공부하자 교회에서는 너무 센 여자였고, 여성학과에서는 너무 보수적인 여자였다.

개인보다 집단이 중요한 우리 사회에서 이렇게 어정쩡하게 지내는 시간이 쉽지 않았다. 그런데 언젠가부터 이렇게 어정쩡하기 때문에 보이는 것들이 있음을 알게 되었다. 내가 만약 안정적인 중산층으로 살며 제때에 아이를(그것도 최소한 두 명을) 낳고 남편이 사역을 시작하지 않았다면, 지금의 교회 제도가 크게 불편하지 않았을 것이다. 나는 아이가 없다는 사실보다 두 번의 유산을 겪고도 계속 아이 낳기 프로젝트에 내몰리는 분위기가 더 불편했건만, 늘 뒤에서 "저 집이 아직 아이가 없어서…"라는 말을 들어야 했다. 소위 가족과 시간을 보낸다는 주말에는 아이가 있어서 오히려 더 힘들었다. 혼자서 자유롭게 시간을 보내지도 못하고, 가족끼리 단란한 시간을 보내는 다른 집들과 어울리지도 못한 채 아이와 단둘이 보낸 주말이 많았다. 부부와 자녀로 구성된 가족을 중심으로 모든 것이 운영되는 교회에서 한부모 가정이 어떤 기분일지 그 시간들을 통해서 조금 느낄 수 있었다. 이러한 비주류 경험은 교회가 어떤 집단을 중심으로 운영되며, 누구를 소외시키는지 분명히 알 수 있게 해 주었다.

 지금의 제도가 전혀 불편하지 않은 사람은 제도의 혜택을 다 누리는 사람이라고 한다. 그래서 여성주의 인식론에서 중요한 점이 주변인으로서의 경험이다. 모든 사람에게 정의롭고 평등한 제도는 아직 없다. 그렇기 때문에 지금의 제도가 누구를 중심으로 돌아가는지를 알려면 중심이 아닌 주변의 경험이 필요하다는 뜻이다. 예를 들어 직접 유모차를 밀고 다녀보기 전까지는 우리나라의 보행 시스템이 누구를 기준으로 하는지 몸으로 느끼지 못했다. 아이가 앉아 있는 유모차를, 핸들 양쪽에 장바구니까지 주렁주렁 단 채 번쩍 들고 계단을 오르내리면서 힘들기도 하고 짜증도 나서 씩씩댄 게 한두 번이 아니다. 그때부터 내 눈에는 이전에 보이지 않던 모습이 보이기 시작했다. 승강기가 없다든가, 인도에서 차도로 내려가는 부분의 경사가 가파르다거나, 버스 입구가 너무 높고 좁다든가 하는 것들이 유모차를 미는 사람이나 휠체어를 탄 사람을 얼마나 불편하게 혹은 절망하게 하는지를 알게 된 것이다.

 어디에도 속하지 못하고 경계에 서 있기 때문에 볼 수 있는 것들은 내 직업을 통해서도 경험할 수 있었다. 영어를 한국어로 옮기는 작업을 하다 보면 한국어의 특징들에 예민해질 수밖에 없다. 일방적으로 영어를 따라갈 수도 없고 그렇다고 맥락을 상실한 한국어를 만들 수도 없어서 늘 두 언어 사이를 줄타기하다 보면, 평상시에는 알지 못했던 것들을 알게 된다. 평소에 자주 하는 이야기를 예로 들자면, 영어로 'you' 하나면 끝나는 2인칭 대명사를 한국어에서는 두 주체의 관계를 밝혀서 누가 누구에게 존칭을 써야 할지를 정해야 한다. 즉, 상대가 선생님인지, 목사님인지, 박사님인지, 엄마인지, 아빠인지, 이모인지, 삼촌인지, 언니인지, 동생인지, 친구인지 등등을 알아야만 비로소 번역이 가능하다. 2인칭 대명사인 '너'로 편하게 지칭할 수 있는 관계가 그만큼 제한되어 있기 때문이다. 심지어 자기 자신을 가리킬 때도 '나'라는 1인칭 대명사보다는 자신의 역할이나 직함을 사용하는 경우가 많다. "엄마가 말이야…"라든가 "선생님이 여러분에게…" 하는 식이다. 우리 사회에서 '나와 너'의 관계가 성립하기 어려운 이유가 위계적인 관계와 이를 반영하는 언어 때문이라는 것을 번역을 하면서 알았다.

나는 언어를 피부와 같다고 표현하는데, 그만큼 문화와 밀착되어서 잘 분리되지 않기 때문이다. 일례로, 한국어 문어체에서 부부 사이의 대화를 보면 대부분의 경우 남편은 아내에게 해라체를, 아내는 남편에게 존칭을 쓴다. 그래서 글의 어미만 보고도 누가 남편이고 아내인지 알 수 있다. 이런 방식이 마음에 안 들어서 똑같이 해라체로 번역을 한 적이 있다. 당시 편집자는 내 의도는 이해하지만 영 어색하다고 했다. 그래서 양쪽이 다 존칭을 쓰는 걸로 바꿨는데 그나마 조금 낫기는 했지만 어색함을 완전히 면하지는 못했다. 부부 사이의 위계가 언어에 어떻게 반영되는지, 그것이 얼마나 피부처럼 우리 문화에 밀착되어 있는지를 알게 해 준 경험이었다. 어느 그룹에도 온전히 속하지 못하는 어정쩡한 자리에 있었기 때문에 이러한 시각의 혜택을 누릴 수 있었다.

그렇다고 이 어정쩡한 자리가 늘 좋은 건 아니다. 그리고 완전히 편해진 것도 아니다. 게다가 동류 그룹을 원하는 마음이 사라진 것도 아니다. 그런데 이 글을 쓰면서 하나의 이미지가 떠올랐다. 양은 목자의 음성을 안다고 했다. 그렇다면 그 음성에 귀를 기울이며 가다 보면 마찬가지로 같은 음성을 듣고 따라가는 다른 양들을 만나지 않을까? 어느 순간 무리 지어 가는 다른 양을 발견하여, 혼자가 아님을 알게 되지 않을까? 굳이 어디에 속했느냐를 따지며 동류를 찾아다니기보다 이렇게 자연스럽게 만나게 되는 동류를 알아보는 눈을 가졌으면 좋겠다. 그리고 그 음성을 따라가면서 내가 경계에서조차 보지 못했던 것을 볼 수 있으면 좋겠다. 그것을 동류와 함께 본다면 기쁨은 더 클 것이다.

5 여성학이 뭐기에?

대학을 졸업하고 8년 만에 대학원 공부를 시작하면서 택한 전공이 여성학이다. 번역하는 사람이 영문학도 번역학도 아닌, 여성학을 택했으니 좀 이례적이긴 했다. 더군다나 남편이 신학교에 입학하고 바로 전도사로 일하면서 '사모님'으로 불리기 시작하던 시기에 말이다. 하지만 남편이 신학교에 들어가지 않았다면, 아니 정확히 말해서 교회 사역을 시작하지 않았다면, 나는 아마 여성학을 공부하지 않았을 것이다. 인생에는 그런 역설들이 있다. 남편이 가정을 돌아보기 시작한 시점이 둘째 아이를 잃고 난 직후인 것처럼 말이다.

어쨌든 여성학은, 내 생애 처음으로 남편에게 붙어 다

니는 부수적 존재가 되어 버린 현실에 대한 답을 찾기 위해 시작한 공부였다. 여성학은 여성운동에서 촉발되었기에 둘은 상당히 친화적인 반면에, 기독교는 여성인권의 근거가 됨에도 불구하고, 적어도 내가 공부했던 환경에서는 여성학과 친화적이지 않았다.[5] 여성학이 기독교를 불편해 하는 이유는 기독교가 남자를 머리로 여기는 가부장제의 대표적 수호 기관이라고 생각하기 때문이다. 여성학의 입장에서 보자면 여성에게 억압적일수록 나쁜 종교이다. 반면에 기독교가 여성학을 불편해 하는 이유는 여성학이 창조질서를 위협하고, 남성 신(하나님 아버지)을 내세우는 기독교에 반발해 여성 신을 가진 이방 종교들을 지지하기 때문인 것 같다. 물론 그 외에도 많은 이유가 있겠지만, 크게 보자면 그렇다.

이러한 관계 때문에, 그리고 여성학 공부를 시작한 시점이 사모가 된 시점과 거의 비슷하기 때문에, 나는 어느 쪽에도 완전히 속하지 못하고 경계에서 사는 입장이 되어 버렸다.

여성학이 고마운 이유는 그동안 설명할 수 없었던 나의 경험들을 설명할 언어를 주었기 때문이다. 아닌 것 같은데도 딱히 반박할 말이나 논리가 없어 그냥 속으로 끙끙댈 수밖에 없었던 상황들이 여성학을 통해 비로소 언어화될 수 있었다. 똑같이 번역을 해도 왜 나는 남성에 비해 생산성이 떨어지는지, 내가 돈을 벌면 남편이 살림을 할 것으로 기대했는데 왜 그 일이 말처럼 간단하지가 않은지, 남편이 사역자가 되는 순간 왜 나는 교회에서 내 이름으로 설 자리를 잃었는지, 아이를 유산해도 왜 남편이 듣는 말과 내가 듣는 말이 다른지 등등 그동안 의문으로 남아 있던 많은 문제를 이해할 수 있었고, 비로소 내 경험을 제대로 해석할 수 있었다.

또한 여성학은 엄마의 삶을 더 잘 이해하게 해 주었다. 결혼 전에는 자신을 여자보다 남자와 동일시하기가 더 쉬웠고, 평범한 주부로 살지 않겠다는 오기도 있어서 자연스럽게 여성들과는 거리를 두게 되었다. 그러나 여성학을 공부하면서 나 역시 차별받는 '제2의 성'인 여성임을 알게 되었고, 그 차별의 뿌리를 공부하면서 엄마의 삶에 공감할 수 있었다. 집안에 하나의 의견만 있다가 두 개의 의견이 존재하기 시작하니 당연히 싸움이 잦을 수밖에 없었다. 여성학을 공부하던 첫 학기가 제일 심했다. 그동안의 경험을 해석하여 말로 표현하는 아내 앞에 남편은 적잖이 힘들어했다. 하지만 이제와 생각해 보면 그때부터 우리의 건강한 분리가 시작된 것 같다. 부부 문제는 너무 밀착되어 있는 데서 종종 비롯된다고 스캇 펙 박사는 말한다. 각자의 목소리를 지니면서 동시에 하나가 될 수 있는 것, 그것이 진정한 연합이 아니겠는가. 누가 누구에 의해 흡수되어 이루어진 하나는 진정한 하나가 아니다.

여성학의 기본 주장은 여성도 남성과 동등한 행위 주체라는 점이다. 인간으로서 남성과 동등한 권리를 얻어 내는 것이 초기 여성운동의 주요 과제였다면, 어떠한 상황에서건 여성이 인간으로서 가지는 행위 주체성을 보려고 하는 것이 오늘날 여성학의 주요 과제이다. 말하자면 여성을 조금 더 입체적으로 보려 하는데, 여성을 구조의 피해자나 희생자로만 보지 않고 어떠한 여건에서든 스스로 선택한 삶을 살아가는 모습을 포착하려 한다. 구조의 피해자나 희생자로만 여성을 볼 경우, 여성의 행위성이 부인된다. 그래서 여성을 존중하려다가 오히려 여성을 무력화하는 결과를 낳는다. 따라서 여성도 남성과 마찬가지로 모든 선과 악이 가능한 전인적 존재로 파악해야 하며, 다만 여성이기 때문에 남성과 차별적으로 대우받는 구조의 문제는 늘 염두에 두어야 한다.

보편적 인간보다는 다양한 인간을 추구하고, 보편적 시

각보다는 다양한 시각을 확보하려는 것이 요즘의 추세인 것 같다. 전형성에서 탈피해 인간 개인의 다양한 결을 더 보려고 하는 노력은 내가 보기에 충분히 성경적이다. 유진 피터슨은 《비유로 말하라》에서 이렇게 언급한다.

> 목사로서 내가 하는 일이 좀 쉬우려면 바리새인과 세리를 전형화하면 된다. 그러면 일이 많이 단순해진다. 그러면 각 사람을 나름의 이야기를 가진 인격체로 대하지 않아도 된다.…그러나 현실은 그보다 더 복잡하다. 전형화는 쉽다. 영성과 종교를 대립시키고픈 유혹이 드는 것은 사실이지만, 그렇게 하면 명쾌해지는 것보다 모호해지는 것이 더 많다. 인생은 그보다 더 복잡하다. 회중은 그보다 더 복잡하다. 성숙한 기도의 삶은 그보다 더 복잡하다.[6]

피터슨이 이러한 관점을 가질 수 있게 된 배경에는 그의 삼촌 이야기가 있다. 어머니로부터 들은 삼촌의 이야기와 한때 신문에 대서특필되었던 삼촌의 이야기는 너무 달랐다. 그는 회고록에서 그 이야기를 하면서 이렇게 덧붙인다.

> 스벤 삼촌 덕분에 나는 사람들이 사는 실제 상황에서 벌어

지는 인생의 모호함을 다루려면 성경만큼이나 넓은 맥락이 필요하고, 그러한 사람들이 모인 곳이 교회라는 사실을 이해할 수 있었다. 기도와 간음과 살인으로 이루어진 다윗의 인생이 성경에 기록되고 복음의 이야기로 들려질 수 있다면, 내 회중에 속한 그 누구도 포기할 수 없다. 내게 회중은 언제나 진행 중인 존재가 될 것이다. 회중은 모든 인물과 모든 사건이 서로 연결되어 있는 소설과도 같다. 그 소설의 큰 틀은 예수님이 최후 발언자가 되시는 구원의 이야기다. 그 누구도 전형적인 인물로 축소될 수 없다.[7]

고등학교 시절에 배운 소설 이론 중에서 지금도 기억나는 것이 인물의 전형성과 개별성이다. 창조된 인물이 사실성을 가지려면 인간 보편의 경험으로 공감을 자아낼 수 있는 전형성과 동시에 개인만이 가지는 독특한 개별성이 있어야 한다. 그래야 정말로 이 세상에 존재할 것 같은 한 인간이 탄생한다. 전형성만 가진 인간은 실제의 인간을 반영하지 못한다.

따라서 "여성학이 도대체 뭐기에?"라고 내게 묻는다면 그동안 보편적 인간의 자리를 차지했던 남성의 경험으로 나를 이해하는 것이 아니라, 여성이자 인간으로 그리고 인간이자 여성으로 살아갈 수 있게 도와준 학문이라고 대답하고 싶다. 자신을 설명할 수 있는 언어를 가진다는 사실은 정말로 대단한 힘이다. 만약 여성학을 만나지 않았다면 내 경험의 많은 부분을 비정상으로, 기준 미달로 간주했을 것이다. 물론 남성이라고 다 자신의 언어를 가졌다고 볼 순 없다. 주류 남성의 언어만 배운 비주류 남성도 자신의 언어를 가지긴 힘들지 않겠는가.

자신의 언어를 가진다는 것, 그것은 곧 자신의 이야기를 들려줄 수 있다는 의미가 아닐까. 나는 여성이기 때문에 여성학을 통해 내 이야기를 찾아갈 수 있었다. 물론 모든 여성이 그 방법을 통해야 하는 건 아니다. 누구나 자신의 이야기를 찾아가게 도와주는 여러 수단이 있을 것이다. 하나님은 인생을 통해 말씀하신다고 한다. 자신의 이야기를 알아야 하나님이 자신의 인생을 통해서 하시고자 하는 말씀도 더 잘 들을 수 있다. 피터슨의 말대로 그 이야기는 언제나 '진행 중'일 것이고, 최후의 발언자는 예수님이 되실 것이다.

여성학이 불편한 사람은 애초부터 여성이 말을 한다는 자체가 불편했던 것일지도 모르겠다. 내가 자라는 동안에도 심심치 않게 들었던, "여자가 어디서…"라는 말은 사회에서 여자의 자리를 확인시켜 주려는 말이다. 물론 남자의 자리를 알려 주는 "남자답지 않다"라는 말도 있다. 그러나 이 말은 남자는 하찮은 존재가 아니라는 함의가 있는 반면에, "여자가 어디서…"라는 말은 여자는 그런 자리에 오를 존재가 아니라는 함의가 있다. 그러나 최후의 발언자가 되실 예수님이 '여자'를 '제자'로 받으셨으니, 게다가 그 '좋은 것'을 '빼앗기지 않을 것'이라고 하셨으니, 여성학이 불편하건 여성이 말을 한다는 사실이 불편하건 그 원인이 예수님의 말씀에 위배되기 때문이라고는 할 수 없을 것이다.

6

머리로 하는 공부,
마음으로 하는 공부

번역을 하던 초기에는 영어 단어 'mind'를 주로 '마음'으로 번역했다. 그게 당시의 통상적 번역어였다. 번역가의 선호에 따라 그리고 문맥에 따라 다양하게 선택되는 번역어가 있는가 하면, 어떤 단어들은 공식처럼 번역이 된다. 내 기억에 'mind' 하면 '마음', 대략 이런 식의 공식이 있었던 것 같다. 그런데 라브리의 성인경 간사님을 통해서 그것이 정확한 번역이 아니라 원래 영어 'mind'는 생각과 관련된 단어이고, 우리가 말하는 '마음'과는 다른 의미라는 것을 처음 알았다. 영한사전을 보면 1번 의미가 '마음'과 '정신'이고, 2번 의미가 (사물에 대한 판단 능력으로서의) '머리', '정신', '생각', '사고방식'이다. 영영사전에서는 '생각하는 능력

ability to think' 혹은 '의식과 생각의 기관the faculty of consciousness and thought', '사람의 지성a person's intellect'으로 정의되어 있다. 이것을 확인한 후로는 나도 'mind'를 '지성' 혹은 '정신'으로 번역했다. 그런데 국어사전을 찾아보면 '마음'의 1번 의미는 '사람이 본래부터 지닌 성격이나 품성'으로 되어 있고, 2번의 의미는 '사람이 다른 사람이나 사물에 대하여 감정이나 의지, 생각 따위를 느끼거나 일으키는 작용이나 태도'이고, 3번의 의미는 '사람의 생각, 감정, 기억 따위가 생기거나 자리 잡는 공간이나 위치'로 되어 있다.

우리가 흔히 '마음'이라고 말하면서 손으로 가리키는 신체 기관은 가슴 쪽이다. 그래서 '마음'을 '지성'과는 다른 의미라고 이해할 수도 있지만, 사전의 정의를 보면 한국어의 '마음'은 포괄적인 의미로 오히려 상위개념의 인상을 준다. 그러나 일반적인 용례에서 '마음에 안 들어' 하는 식의 표현처럼 '마음'이 주로 '느낌'이나 '기분'으로 통용되니까, 세계관 운동을 하며 기독교의 지성적 측면을 강조하고 싶었던 간사님은 '생각하는 그리스도인'의 개념을 위해 '생각'이라는 구체적 표현을 선호하셨던 것 같다.

그런데 나는 요즘 'mind'를 그냥 '마음'으로 번역하고 싶을 때가 많다. 용례도 다르고 어떤 문맥에서는 서로 대체가 안 될 정도로 뜻이 다른 것도 사실이지만, 생각과 마음은 상호작용하는 것이지 칼로 자르듯 분명하게 구분할 수 있지 않은 것 같아서이다.

20세기 초의 언어철학자 비트겐슈타인은, 우리가 흔히 감각은 주관적이고 그 주관성을 교정해서 객관성을 확보할 수 있게 해 주는 것이 이성적 사고라고 하는데, 사실은 그 둘이 뒤바뀌어야 한다고 했다. 그러니까 생각이라고 하는 것도 그것이 생각인 이상 주관적이고 사적일 수밖에 없다는 의미이다.[8] 우리는 모든 편견으로부터 자유로운 객관적 사고가 가능하다고 생각하지만 사실 인간은 완전히 객관적일 수 없다. 어떤 인종과 성별로 태어났고 어떤 경험을 하고 자랐느냐에 따라서 사람은 세상을 다르게 볼 수밖에 없다. 그래서 여성학자들은 지금까지 보편적, 객관적이라고 이야기되었던 것은 사실상 백인, 남자, 이성애자의 관점이었다고 말한다. 지금까지 지식을 생산할 수 있었던 사람들의 지위가 그러했기 때문이다. 사람은 조건에 매이지 않고 완전히 객관적인 사고를 할 수 있다고 믿었지만, 20세기 초부터 그러한 생각은 포기될 수밖에 없었다. 완전히 가치중립적인 사실은 없으며, 우리가 어떠한 사실을 인식할 때는 특정한 해석의 틀을 통해서 인식하게 된다. 따라서 우리가 순수하게 '생각'으로 분리할 수 있는 객관적이고 가치중립적인 지대는 없다.

11년 전, 여성학과의 첫 수업 시간에 들었던 인상적인 말이 '마음으로 하는 공부'이다. 공부는 주로 머리와 관련된 것이지 마음이라는 기관을 참여시킬 수 있는 것이 아니라고 나는 생각했다. 하지만 가만히 생각해 보면 학창 시절에 좋아하는 선생님의 과목은 더 열심히 공부하게 되지 않던가.

고대 철학에서 지성은 곧 에로스였다고 한다. 열정이 없으면 가르침도, 배움도 일어나지 않는 것이다. 팝송이 좋아서 영어를 공부하고, 일본 만화가 좋아서 일본어를 공부한다. 10살 된 아들도 학교 공부는 겨우겨우 하면서 자기가 심취한 판타지 만화는 복잡한 캐릭터 이름과 플롯까지 다 외운다. 학생 때 "네가 그만큼 공부를 했으면 뭐라도 했겠다"는 말을 들어 보지 않은 사람이 있을까? 자신이 열정을 가진 것에 대해서는 알려 하고 배우려 한다. 그러나 감정과 이성을 이원화해서 감정은 신뢰할 수 없는 주관적인 것, 이성은 신뢰할 수 있는 객관적인 것으로 구분했던 서양철학의 전통 때문에, 그리고 그 전통에 따라 확립된 학제 때문에 우리는 더 이상 마음으로 하는 공부가 무엇인지 잘 모르게 되었다.

그러나 이분법을 극복하고 통합적으로 지식에 접근하려는 노력이 진행 중이고, 이는 연구하는 방법에도 영향을 미친다. 객관적 이성은 편견을 배제한다고 믿었지만 사실은 편견이 객관적이라고 착각하는 지식을 낳았다. 여성이 남성보다 열등하다고 생각하면 그 편견에 부합하는 지식을 만들어 내는 것이다. 예를 들어, 19세기 후반에 생긴 심리학은 여성이 지성에 약하고 감정에 강하다고 여겨 그것을 증명하려고 여성의 뇌와 연관시킨 설명을 내놓았다. 즉, 여성은 남성보다 뇌 용량이 작기 때문에 남성만큼 영리하지 못하다는 것이다. 그러나 같은 남성들 사이에서도 키와 몸무게에 따라 뇌의 크기는 다르며 심지어 아인슈타인의 뇌는 일반인 뇌의 평균 무게보다도 가벼웠다고 한다.[9] 그렇기 때문에 편견을 배제하여 객관성을 확보한다기보다는(물론 이러한 노력을 포기해서는 안 된다), 편견이 있을 수 있음을 드러내어 덜 기만적인 지식을 생산하려고 해야 한다. 편견에서 완전히 자유로울 수 있는 사람은 없기 때문이다. 그래서 여성학에서는 연구자의 편견이 수정될 수 있도록 연구자가 자신을 공개하고 개방하는 연구 방법을 지향한다.

연구자의 편견이 수정되기 위해서는 상대를 자신과 단

절시키지 않고 공감empathy할 수 있어야 하는데, 잘 훈련된 공감은 더 나은 지식을 생산할 수 있다. 로레인 코드Lorrain Code라는 학자는 공감을 가치 절하하는 사회나 관습은 빈곤하다고 말한다. 흔히 공감은 여성의 '자연적인' 자질로 여겨지기 때문에 별도의 훈련이 필요하지 않은 열등한 감정으로 치부되지만, 사실은 상당한 훈련이 필요한 기술이다. "내가 네 마음 다 알아"라는 말이 전부 다 공감은 아니다. 때로 그 말은 "네가 어떤 마음인지 내가 말해 줄게. 그리고 내 말이 맞을 거야"의 의미를 가질 수도 있다. 연구자는 그러한 함정을 잘 살펴야 하고, 전문성을 위해서 때로는 공감하지 않는 것이 오히려 최상의 공감이 될 수도 있다고 한다. 잘 훈련된 공감은 "'낯섦'을 보존하되 알려 하고, '금지됨'이 단언하는 자기와 타자 사이의 경계를 존중하며, '자유'를 흡수하거나 없애려 하지 않는다."[10]

8년 만에 다시 학교로 돌아가 수업을 들으면서, 나는 '마음으로 하는 공부'에 대해 생각했다. 내가 진정 즐거워하며 마음으로 할 수 있는 공부, 마음으로 쫓아갈 수 있는 공부는 무엇일까? 사실 나는 공부를 좋아하는 것 같으면서도 그리 즐기지 못한다. 딱 시키는 것 이상 진도를 나가지 못한다. 즐거운 일도 자극이나 강제가 더해지지 않으면 꾸준히 하기 힘들지만, 뒤늦게 다시 시작한 공부이니만큼 이제는 시키는 것 이상으로 알아서 쑥쑥 진도가 나갔으면 좋겠다. 그래서 아는 것이 기쁨이고 에로스인 경지를 한번 맛보고 싶다.

2부

정의로운 사랑을 갈망하다

1

—

자기 경계를 익힌 사랑

20대가 지나서도 사랑을 믿는 사람은 주변 사람들로부터 낭만적이란 말을 듣게 마련이다. 나도 결혼 17년차가 되고 40대로 접어들고 나니 사랑이 밥 먹여 주냐는 말을 농담으로라도 가끔 하게 된다. 삶의 고달픔이, 일상의 무미건조함이 내가 사랑했던 시절의 결과라고 생각하면 좀 우울해진다. 역시 그때 재력도 좀 봐야 했다는 말을 우스갯소리로라도 하게 되는 이유이다.

'사랑'이 낯간지러운 말이 된 지금, 생판 남에게 억지로 말해야 하는 경우가 교회에서이다. 옆에 앉은 사람과 인사하라는 말까지는 좋은데, 잠깐 같이 앉았던 사람을 보고 주님의 이름으로 사랑한다는 고백을 하라면, 정말이지 머리

카락이 쭈뼛 선다. 옆 사람도 같은 심정인지 서로 어색하게 웃고 이내 고개를 돌리는 경우가 많다. 사랑은 어느 상황에서도 강요할 수가 없는 감정인데, 우리 문화에서는 강요받는 경우가 더러 있다. 교회의 경우도 그렇고 할머니, 할아버지에게 "사랑해요"라는 말을 하라고 부모가 자식에게 시키는 경우, 그리고 라디오 프로그램의 청취자 전화 연결 코너에서 진행자가 종종 아내나 남편에게 사랑한다는 말을 하게 시키는 경우가 그렇다. 이처럼 진실하고 자발적인 사랑보다는 전시되는 사랑, 강요되는 사랑을 배운 우리는 남에게 보란 듯이 사랑을 전시하거나 마지못해 사랑을 고백한다.

자발적인 사랑을 하려면 유년기부터 성인기에 이르기까지 자기self의 경계를 제대로 세워 가야 한다. 자기의 경계가 건강하게 세워진 사람은 강요 때문에 마지못해 사랑하지 않는다(그것을 사랑이라고 말하기도 힘들지만 말이다). 그런데 우리 문화에서는 자기의 경계를 건강하게 세우기가 힘들다. 초등학생 아들의 교과서를 보니 이런 문구가 있었다. "나, 친구, 선생님 모두 모여 우리는 하나." 여덟 살이라는 나이는 심리적인 자기의 경계가 제대로 선 시기가 아닌데, 갑자기 모두 하나가 되어 버렸다. 그럴 때의 하나 됨은 힘이 센

쪽으로의 흡수지, 건강한 개인들이 노력한 결과가 아니다.

어려서부터 집단주의 문화 속에서 자란 우리는 '자기'를 세워 가기보다는 집단에 흡수되도록 격려를 받는다. 자기와 자기가 속한 집단을 너무 빨리 동일시하게 만든다. 정체성이 약한 사람일수록 집단의 정체성에 자신을 동일시하는 경우가 많은데, 한국 문화에서는 집단의 정체성을 가지는 것을 바람직하게 여기기 때문에 개인의 정체성이 약한 것은 아예 문제시되지도 않는다. 우리는 오래전부터 가족을 위해, 직장을 위해, 나라를 위해 뭉치고 희생할 것을 요구받았다. 집단 정서가 주는 묘한 쾌감이 있는 것은 사실이다. 혼자서는 이룰 수 없는 일을 여럿이 힘을 합해 이루었을 때, 그 일체감은 희열을 느끼게 해 준다. 그러나 사람은 각자에게 주어진 인생이 있기에 집단 정서에 의존해서 살 수만은 없다. 만날 '붉은 악마'로만 살 수는 없는 노릇 아닌가. 사랑은 나를 알고 상대방을 알아 가려는 부단한 노력인데, 나를 알기도 전에 집단에 흡수되어 버리면, 나와 너는 사라지고 집단 정서만 남는다. 스캇 펙은 《아직도 가야 할 길》에서 사랑과 자아 영역의 관계에 대해서 다음과 같이 설명한다.

사랑에 '빠지는' 경험은 특별히 성적인 것과 관련된 애

욕의 경험이다. 그러한 감정은 일시적으로 자아의 경계를 허물고 사랑을 느끼는 대상과 유아적인 무경계의 상태로 들어가게 하는데, 이는 순간적인 환상일 뿐이고 곧 현실로 돌아오면 그 감정은 사라진다. '허니문'은 영원하지 않은 것이다. 이는 거짓 사랑인데, 사랑에 빠지는 것은 의지적인 행동도 의식적인 선택도 아니며, 일시적인 자아 영역의 붕괴일 뿐 개인의 한계를 확장시키는 데에 반드시 뒤따라야 하는 노력이 필요 없다. 그러나 사랑에 빠지는 경험은 진짜 사랑의 경험과 매우 흡사하다. 그 이유는 참 사랑도 상대와 나의 경계가 허물어지는 경험을 동반하기 때문이다. 다만 진짜 사랑의 경우엔 자아의 경계가 순간적으로 붕괴되는 것이 아니라 자기의 한계를 확장해 가는 부단한 노력의 결과로 상대와 신비로운 연합의 경지에 들어서게 된다. 상대방을 알려고 노력하고 상대방의 성장을 바라는 마음으로 자아의 경계를 확장시켜 나가다 보면 어느 순간 상대가 내 안에, 내가 상대 안에 있는 경험을 하게 된다는 것이다.

흔히 한국 문화를 옹호하기 위해서 서구의 개인주의를 비판하지만 개인주의가 가지는 문제를 우리 사회에 그대로 적용하기는 힘들다고 생각한다. 우리 사회에 개인주의의 문제가 없다고 할 순 없지만, 서구 사회와는 달리 집단 정서로 인한 자아의 미분화가 오히려 지배적인 문제라고 나는 생각한다. 우리는 자아의 경계가 약하기 때문에 좀 친해졌다 싶으면 상대방의 경계를 마구 넘어간다. 상대방의 경계를 존중하면서도 친해지는 방법을 배우지 못했기 때문이다. 공식적으로는 나이든, 신분이든, 직책이든, 엄격한 상하 관계의 질서에 따라 정해진 선을 지키지만, 이와 다른 개인의 선, 인격의 선을 배우지 못했기 때문에 상대가 좀 편하거나 친해지면 그 경계를 빨리 허물어 버리고 싶어 한다. 심지어 술자리를 통해 강제로 허물기도 한다.

교회에 다니는 사람에게는 감정의 카타르시스를 가져다 주는 찬양 집회나 부흥 집회가 술자리를 대신한다. 갑자기 신분의 경계를 풀고 아무나 형제자매가 되고, 자신의 억눌린 감정이 해방되고, 상처가 치유되는 경험을 하게 되기 때문이다. 하지만 그것은 거짓 사랑처럼 일시적인 감정일 뿐이다. 그래서 현실로 돌아오면 우리는 다시 환멸에 빠지고, 사랑을 믿지 않고, 현실을 회피하며, 더 강한 체험을 요구하게 된다.

얼마 전에 아들이 자기 아빠를 "내 아빠야"라고 친구에게 소개했는데, 그 표현이 생경하고 독특하다는 생각이 들더라고 남편이 말했다. 사실 "내 아빠야"라는 말은 문법적으로 어색하다. 영어로는 'my dad'라고 하지만, 한국어로는 '우리 아빠'라고 하기 때문이다. 그런데 나는 아들의 그 표현을 고쳐 주고 싶지가 않았다. 진정으로 '우리'가 되려면 먼저 '내'가 있어야 하기 때문이다. 언어와 문화는 아주 밀접한 관계가 있기 때문에 이러한 한국어 어법은 한국의 문화를 반영한다. 보통은 그러한 어법을 공동체 의식이니 뭐니 해서 긍정적으로 말하지만, 나는 개인이 없는 공동체는 단순한 획일적 집단이라고 생각한다. 어떻게 하면 아들이 건강하게 자기 경계를 세우고 그 경계를 확장해 가는 사랑을 배울 수 있을지 고민한다. 내가 잘못 배운 사랑을 아들에게는 제대로 가르쳐 줄 수 있으면 좋겠다. 진부한 말이지만, 결국에는 사랑이 우리를 구원할 것이기 때문이다.

2

내 삶의 지도를
다시 그리기

둘째 아이를 잃고 한동안 품이 허전했다. 배 속에 열 달을 데리고 있었지만 정작 낳아서는 한 번도 안아 보지 못했기 때문에 그 헛헛함은 이루 말할 수 없었다. 그때부터였다. 털 달린 짐승을 그다지 좋아하지 않던 내가 지나가는 개나 고양이를 보면 그렇게 눈길이 갔다. 더 이상은 아이를 가지기 힘들다는 현실 때문에 애정의 대상이 동물로 옮겨 갔는지 모르지만, 어쨌든 그때부터 반려동물을 기르는 것에 대해 진지하게 고민했다. 동생을 많이 그리워하는 큰아이에 대한 배려도 있었다. 집안에서 늘 어른만 상대하는 아들도 자신이 돌보고 친구처럼 편하게 대할 대상이 있어야 할 것 같았다.

그리하여 마당이 있는 집에 살기 전까지는 절대로 키우지 않겠다는 원칙을 깨고 강아지 한 마리를 샀다. 유난히 눈길이 가는 녀석 하나를 며칠 눈여겨보다 샀는데, 그로부터 6개월은 실로 전쟁의 시간이었다. 배변 훈련은 의외로 쉬웠다. 문제는 이 녀석의 갉아먹기 습성이었다. 아끼는 가구, 책, 신발, 심지어 벽지까지, 잠시만 한눈을 팔아도 어느 틈엔가 갉아먹고 있었다. 애견 가게의 주인은 이갈이 때문이라고 했는데, 어쨌든 날마다 이 녀석을 야단치는 게 일이었다.

그러나 개의 본능을 인간의 꾸지람으로 잠재울 수는 없었다. 그렇게 혼이 났으면 좀 참을 만도 하련만, 개는 개였다. 개를 집 안에서 키우면서도 내가 만들어 놓은 세계가 흐트러지지 않기를 내심 기대했던 나는 큰 좌절에 빠지고 말았다. 생명체를 집 안에 들이는 일은 마음에 드는 가구 한 점을 들여놓는 것과는 차원이 달랐다. 내 뜻대로 움직이지 않는 이 녀석 앞에서 나는 "네가 비록 태생이 개이지만, 적어도 인간의 집에서 살면 조금은 인간다워져야 하는 것이 아니냐!"는 얼토당토않은 항변을 해 대고 있었다.

그러면서 깨달았다. 지금까지 내가 세상과 관계를 맺는 방식이 '나의 세계를 건드리지 않으면서'였음을. 내가 정리해 놓은 것, 내가 구축해 놓은 것을 건드리면 나는 무척 불편했다. 내 체계 안에서 이해되지 않는 것, 이질적인 것은 나를 불안하게 했고 더 방어적으로 만들었다. 나의 전제와 틀을 바꾸기보다는 내 식대로 받아들이거나, 아니면 등지거나 했다. 스캇 펙은 이렇게 말한다.

> 현실에 대한 우리의 견해란 지도와 같아서 그걸 지표로 삶의 모든 영역을 판단하게 된다.…현실을 감수하고 파악하려고 노력하면 할수록, 우리의 지도는 정확하게 될 것이다. 그러나 많은 사람들이 이러한 노력을 기울이지 않는다. 어떤 사람들은 청소년기 말에 그만 정지해 버리고 만다. 그들의 지도는 조그맣거나 대강 그려져 있으며, 세상에 대한 견해란 협소하고 오해로 가득 차 있다.[1]

현실의 변화에 맞춰 계속해서 지도를 수정하지 않으면 우리는 더 이상 성장하지 못한다고 그는 말한다. 그런데 사람은 자신의 지도를 수정하는 일을 고통스러워 하고 심지어 두려워해서 오히려 새로운 정보를 무시하는 쪽을 택한다고 한다.

나도 어느덧 나이를 먹고 몸이 굳어지면서 새로운 것보

다는 익숙한 것을 선택하는 경우가 많아졌다. 지금까지 구축한 것을 허무는 일은 참으로 고통스러운 작업이어서 "그냥 이렇게 살지, 뭐"라는 말이 습관처럼 나온다. 이러한 자세가 치명적인 이유는 사랑하는 능력을 잃게 되기 때문이다. 사랑은 내가 상대방을 향해 나아가는 것이기도 하지만, 상대방이 내 안으로 들어오는 것이기도 하다. 내가 상대방을 위해 무언가 해 주는 것도 사랑이지만, 상대방이 나를 변화시키는 것도 사랑이다.

취미나 반려동물은 '정신집중^{cathexis}'[2]의 대상은 될 수 있어도 온전한 사랑의 대상은 될 수 없다. 왜냐하면 그것들은 내게 자신의 의사를 표현하며 말을 걸어오지 않기 때문이다. 스캇 펙은 같은 책에서 영어를 할 줄 모르는 독일이나 이탈리아 또는 일본 여자를 아내로 맞이한 미군들의 경우, 결혼 생활의 출발은 낭만적이지만 부인들이 영어를 배우고 나서부터는 금이 가기 시작한다고 말한다. 부인이 영어를 배워 남편과 다른 자신만의 견해를 표출하자 남편은 더 이상 아내에게 일방적으로 자신의 생각이나 느낌, 소망을 투사할 수 없게 된 것이다.

이러한 맥락에서 본다면 구조적으로 어린아이와 여자에게 침묵을 강요하는 사회에서는 사랑이 존재하기 힘들다. 한국어에서 '말대꾸' 혹은 '말대답'은 부정적인 단어로 쓰인다. 한국 사회에서는 성별과 나이에 따른 위계가 존재하기 때문에 약자가 어떻게든 자기 입장을 표현하려 들면, '말대꾸'나 '말대답'이라는 말로 언제든지 묵살할 수 있다. 스캇 펙은 여자를 '우리 강아지'라고 부르는 남자를 경계하라고 한다. 우리 사회에서는 자녀를 '우리 강아지'라고 부르는 경우가 더 많겠지만 말이다. 상대가 '우리 강아지'일 때는 무지 사랑하다가, 자신의 뜻을 드러내는 순간부터 식는 것이 미성숙한 인간들의 사랑이라고 펙 박사는 진단한다.

주변에 많은 부부가 결혼하고 나서 농담 반 진담 반으로 '속았다'는 말을 한다. 자신은 이런 사람인 줄 알고 결혼했는데 같이 살아 보니 아니더라는 것이다. 연애 시기에는 상대에게 최대한 잘 보이려고 노력하기도 하지만, 어떤 면에서 자신이 보고 싶은 것만 보기도 한다. 사랑에 눈이 멀면 사랑하는 점만 보이고, 조건에 눈이 멀면 그 조건만 보이기 때문에 다른 부분은 보지 못한다. 그러나 결혼 생활은 말 그대로 현실이다. 먹는 것부터 자는 것까지 사소한 취향의 차이와 선택의 과정과 문제 해결 방식에서 각자의 원래 모습이 드러나게 마련이고, 서로 충돌하면서 내가 알던 사람은 이 사람이 아니었다는 생각에까지 이른다.

나는 신경이 좀 예민하고 날카로운 편이라 연애 시절 남편과 부단히 싸웠다. 남편은 우리 집에서 결혼을 반대하기 때문에 내가 스트레스를 받아서 나타내는 일시적 현상이라고 생각했고, 반면에 나는 잘 보이려 노력하지 않고 그런 모습까지 드러내도 꿋꿋이 내 곁을 지켜 주어서 정말로 나를 받아 주고 이해한다고 생각했다. 결혼하고도 내가 달라지지 않자 남편의 반응이 어땠을지 상상해 보라. 그리고 그 반응에 대한 나의 황당함은 어땠을지 생각해 보라. 누가 누구를 속이려고 한 것이 아니었어도 '속았다'는 말이 그래서 나온다. 사실은 자기 자신에게 속았지만 말이다.

강아지를 사 놓고 한편 속았다는 느낌이 든 까닭은, 비단 애견가게 주인이 강아지를 팔기 위해 했던 온갖 좋은 말들 때문만은 아니었다. 아마도 그 주인은 내가 듣고 싶은 말만 해 주었을 것이다. 그렇게 나는 내 생각과 많이 다른 강아지 키우기를 경험했고, 지치지 않는 '갉아먹기'로 자신은 '개'일 수밖에 없음을 온몸으로 증명하는 강아지 앞에서 결국 개의 개 됨(?)을 인정할 수밖에 없었다. 그리고 그 개가 내 인생에 가져오는 변화를 받아들이고, 나의 지도를 수정했다.

강아지를 통제하려 들면서 내 통제 안에 들어오지 않는 것들에 대해서 스스로 얼마나 좌절하는지 알았고, 통제를 포기하면서 어느 정도 자유를 얻었다. 요즘은 집에 개 냄새가 좀 나도, 개털이 좀 날려도, 이미 갉아먹은 가구를 바라볼 때도, '그래 내가 강아지를 키우는 사람이니까' 하고 받아들인다. 심지어 나도 아들처럼 개랑 레슬링을 한다. 상대를 받아들이고 나니, 이만큼 자유로워졌다. 개가 아닌 사람도, 그 모습 그대로 받아들이고 그것이 자신의 세계를 조금은 흔들게 내버려 둔다면, 누구든 조금 더 자유로워지리라.

3 부부는 무엇으로 사는가?

미국 남성 제시와 프랑스 여성 셀린이 열차 안에서 우연히 만나 짧은 사랑을 나누었던 영화 〈비포 선라이즈〉의 9년 후 이야기인 〈비포 선셋〉에서 셀린은 제시에게 이런 말을 한다. "남자들은 자신이 부양자가 되어야 한다는 인식이 너무 강해. 나는 직업도 확실하고 독립적으로 살아갈 수 있어. 그러니까 나를 부양해 줄 남자가 필요한 것이 아니라, 나를 사랑하고 내가 사랑할 수 있는 남자를 원해."

부양의 의무에 오랫동안 시달려 온 남자들에게 셀린의 말은 반가운 소리로 들릴 것이다. 하지만 셀린이 말하는 '사랑'이란 무엇일까? 자신이 찍은 여자를 손에 넣기 위해 온갖 구애 작전을 벌인 끝에 드디어 여자를 집에 앉혀 놓고 나면, 이제 남자는 열심히 먹이를 구해 나른다. 가끔 딴 생각도 하고 이런 삶이 답답하다는 생각도 하지만, 자신이 먹이를 가져온다는 사실 하나로 할 일은 다했다고 생각한다. 이게 사랑이 아니고 뭐란 말인가? 그런데 어느 날 여자가 말한다. 내가 먹을 것은 내가 알아서 해결할 테니 혼자서 먹이 구하느라 너무 애쓰지 말고 우리 이제 사랑하며 살자고. 남자는 당황한다. 아니, 지금까지 내가 먹이 구하느라 애쓴 그것이 사랑이 아니면 뭐란 말이냐?

물론 셀린의 대사는 아무 여자나 할 수 있는 말이 아니다. 여성의 지위가 낮은 사회일수록 그 스스로 먹을 것을 해결하기 힘들다. 자신을 부양해 줄 남자를 어떻게든 찾아야 하는 이유이다. 교육 수준이나 능력과 상관없이 여성이 본인 힘으로 먹을 것을 해결하기 힘든 사회구조에서 그 지위는 낮을 수밖에 없다. 하지만 한번 가정해 보자. 우리 사회에도 셀린처럼 말할 수 있는 여성이 대다수라고 말이다. 자신에게 익숙한 환경을 새롭게 보려면 가끔은 그런 가정이 필요한 법이다.

한국 사회에서도 남자와 여자가 동등한 교육을 받기 시작한 지 50년이 넘었고, 물리적인 힘이 필요한 일은 대부분 기계가 도맡아 하는 오늘날, 남자와 여자의 일이 서로 경계를 넘지 못하는 경우는 임신, 출산, 수유밖에 없다. 이론적으로 그 외에 다른 일은 남녀의 구분 없이 할 수 있다. 남자에게 부양이 선택사항이고 여자에게 살림이 선택사항이라면, 우리는 무엇을 내세우며 서로에게 구애를 할 수 있을까? 지금까지 구애의 주요 전략은 남자와 여자에게 주어진 성역할과 성별분업[3]을 상대에게 가장 매력적으로 호소하는 것이었다. 남자는 자신의 '남성다움'과 부양 능력을, 여자는 자신의 '여성다움'과 좋은 가정을 꾸릴 자질을 보여 주는 것 말이다. 서로가 이것을 확인하는 과정이 사랑을 느끼는 경로와 거의 맞아들어 간다. 그런데 만약 누구든 부양자가 될 능력이 있고, 누구든 집안일을 할 의사가 있다면, 서로에게서 무엇을 보고 '사랑'을 확인할 수 있을까?

성역할의 역사는 길다. 하지만 고정불변하진 않았고, 사회와 역사와 문화에 따라서 남자의 일/남성성 및 여자의 일/여성성은 다소 유동적이었다. 미국이 제2차 세계대전에 참전을 결정한 후 남성들이 전쟁터로 나가면서 공장에 사람이 비게 되었다. 그러자 튼튼한 팔뚝을 가진 여성의 그림을 포스터에 내세워 밖에 나가서 일하는 여성이 되기를 적극 권장했다가, 전쟁이 끝나고 남자들이 돌아오자 이들의 일자리 마련을 위해 여성들을 다시 가정으로 돌려보냈다.

산업혁명 이전에는 일터와 가정이 지금처럼 확실하게 분리되지 않았고 가정 경제에 여성의 기여가 무척 중요했기 때문에 그들의 노동력을 함부로 무시할 수 없었다. 또한 자신이 믿는 바와 실제로 행하는 바가 늘 일치하는 것도 아니어서, 남편의 수입만으로 먹고 살 수 없어 아내가 같이 돈을 벌 경우, 남녀의 성역할에 대한 사고가 보수적이더라도 실제로는 남편이 집안일을 많이 돕는 경우도 있다. 그럼에도 결혼 생활에서 남성은 생계 부양자, 여성은 가사 담당자라는 성역할에 대한 기대가 분명히 있다는 사실은 이혼 과정에서 드러난다.

남성들은 연애 시절에 어느 정도 평등한 남녀 관계를 유지하다가도 결혼 후에는 태도가 달라진다. 특히 경제력이라는 큰 문제를 해결하고 나면, 자신의 역할은 다했다고 생각한다. 아내가 친밀감에 대한 욕구를 드러내며 불만족을 표시하면 너무 많은 것을 요구한다고 불평한다. 반면에 남성보다 사회적으로 변화가 큰 여성은 부부관계가 더 평등하기를 바란다. 보조적인 아내의 역할에만 머무는 것에서 자아의 상실을 느끼고, 소통의 부재에 답답함을 느낀다. 반대로 경제적인 역할을 못하는 남편이 그로 인한 자괴감을 아내에 대한 트집으로 나타낼 경우, 아내는 혹시 돈 때문에 자신이 남편을 무시했는지, 잘난 척했는지 불안해하며 여전히 여성의 성역할에 대한 인식에서 자유롭지 못함을 보여 준다.[4] 최양락, 팽현숙 부부가 그러한 면을 잘 보여 준다고 생각하는데, 남편의 일이 안 풀릴 때 아내 팽현숙 씨는 가정경제까지 전부 책임지는 한편 남편이 기죽지 않도록 최선을 다했다고 한다.

남자와 여자에게 주어진 성역할은 서로에 대한 감정이나 애정을 표현하는 방식이 된다. 남편은 돈을 잘 벌어야 가족을 위하고 사랑하는 것이라 생각하고, 아내는 살림 잘하고 아이들 잘 키워야 가족을 위하고 사랑하는 것이라 생각한다. 그 역할에 충실하지 못하면 사랑이 의심된다. 여성의 지위가 상승하고 경제력이 커지는 등 여러 가지 사회적 변화가 나타남에도 이러한 성역할에 대한 기대가 쉽게 사라지지 않는 이유는 그렇게 살아온 역사가 개인의 정서와 정체성에 깊이 영향을 미쳤기 때문이다.

과거 우리 부모 세대는 각자의 역할에 대한 충실함으로 결혼 생활을 유지했다. 남자든 여자든 때 되면 짝을 만나 가정을 꾸리고 자식을 낳는 삶의 방식이 당연했고, 서로가 내외하면서 각자의 영역을 건드리지 않고 살았다. 구조적으로 여성의 경제적 독립이 어려웠기 때문에 유지된 결혼이기도 했다. 여자에게 결혼이 곧 생계수단이었기 때문에 남편이 외도를 해도 이혼을 하지 않았다. 아니, 할 수가 없었다. 심지어 남편에게 구타를 당해도 이혼을 생각하기 쉽지 않았다. 무슨 일이 있어도 결혼 제도 자체를 유지하는 것이 제일 중요하다면, 이렇게 한 사람을 다른 한 사람에게 완전히 의존하도록 만들면 된다. 오늘날 높아진 이혼율에 대한 한탄은 창의적인 결혼 제도와 부부관계에 대한 고민보다는 이혼율이 낮았던 과거를 향수하는 면이 많다. 그 이유는 망각한 채 말이다.

성역할과 우리가 생각하는 사랑의 경계가 명확한 것은 아니다. 앞에서도 말했듯 생물학적 성에 따라 사회가 부여하는 역할은 오랜 역사를 가졌고, 사회화 과정에서 체득되기 때문에, 생물학적 성과 성역할을 구분하기가 쉽지 않다. 그러나 여성의 지위가 올라가고 경제력이 생기면 전통적인 성역할에 균열이 오고 셀린처럼, "날 부양해 줄 남자가 아니라 나를 사랑하고 내가 사랑할 수 있는 남자"를 원한다는 말이 나올 수 있게 된다.

전통사회에서 부부는 사랑이 아니라 의무로 맺어진 관계였다.[5] 의무를 이행한다는 뜻은 자신이 해야 할 일, 자신에게 주어진 역할에 충실하다는 것이다. 그때는 부부가 의

무로 산다고 말할 수 있었다. 그러나 오늘날에는 사랑해서 결혼하고 함께 산다는 믿음이 보편적이기 때문에 사랑이 사라졌다고 생각하면 헤어지기도 한다. 그렇다면 오늘날의 부부는 사랑으로만 사는가? 그렇기도 하고, 아니기도 하다. 사랑의 정의는 모호하다. 사랑으로 인식되기 위해선 어떤 방식으로든 표출되고 표현되어야 하는데, 때로는 의무의 이행이 사랑의 표현으로 여겨지기도 하기 때문이다.

그러나 단순한 의무 이행만으로 사랑의 표현이 완성되었다고 할 수는 없다. 앞에서 남자들은 경제력이라는 큰 문제를 해결하고 나면 결혼에서 자신이 할 일은 다 한 것으로 생각하는 반면, 아내는 친밀감이나 평등한 관계에 대한 기대가 채워지지 않으면 불만을 표시한다고 했다. 그렇다면 남자는 예나 지금이나 달라진 것이 없다. 먹이를 가져다 주면 사랑과 의무가 한 번에 해결되었다고 믿는다. 그럼 결국 달라진 쪽은 여자이니 여자가 게임의 규칙을 깬 것인가? 그렇지 않다. 처음부터 여자에게 절대적으로 불리한 게임이었으니, 오늘날 여성들의 사랑타령은 공정한 게임의 규칙을 요구하는 것이리라. 부부가 무엇으로 사는지는 각각의 문제이나, 게임의 규칙은 공정해야 한다. 일단 여성이 사랑을 원한다고 말할 수 있을 만큼의 변화가 이루어졌으니, 게임의 규칙이 공정해질수록 그 사랑의 실체가 무엇인지 더 드러나지 않겠는가.

4

가족 안에서 정의 찾기

'민족 대이동'의 수식어가 붙은, 한 해에 두 번 찾아오는 한국의 큰 명절을 나는 '며느리 노동절'이라고 부른다. 설이든 추석이든 명절 절차는 늘 똑같다. 연휴가 시작한 첫날 시댁에 가서 하루 종일 제사 음식을 만들고, 다음날 아침에 차례 지내고(물론 나는 음식만 만들고 이후 행사는 참석 안 한다), 시댁 쪽 큰집에 갔다가 귀가. 연휴 마지막 날 친정 방문. 결혼 생활 16년 동안 한 번도 이 순서를 바꾼 적이 없다. 친정 부모님은 딸 셋에 아들 하나를 두었다. 그중에 딸 둘이 결혼을 한 후에는 명절 연휴의 마지막 날이 되어야 비로소 자녀를 한자리에서 다 본다. 남편에게 다 같은 자식인데 명절마다 먼저 가는 집 순서를 바꾸면 안 되겠냐고 건의했다가,

일언지하에 '말도 안 되는 소리'라는 답변만 들었다.

모든 사람이 사회적 정의에 목말라 하는 요즘, 나는 일단 가정에서부터 정의가 이루어졌으면 한다. 앞의 예처럼 단지 여자라서 부당한 대우를 받는 경우가 가정이라는 공간에서 일상적으로 일어나기 때문이다. 흔히 정의는 공적인 차원에서 논의할 문제라고 생각한다. 그러나 여성이 태어나서 사회적 불의를 처음 경험하는 공간은 가정이다. 요즘은 아들과 딸을 차별하며 키우는 경우가 거의 없기 때문에 태생적 가정에서는 불평등을 경험하지 못할 수 있다. 운이 좋아 사회에서도 차별받지 않았다면, 나는 여자라는 이유로 차별받은 경험이 없다는, 상위 1퍼센트의 행복한 고백을 할 수 있다(여기서 1퍼센트는 통계 수치가 아니라 비유이다). 하지만 이렇게 운이 좋은 여자도 결혼으로 이룬 가정에서는 불평등을 경험한다. 태생적 가정에서는 경험하지 못했다 해도 결국 '후천적인 가정'에서 처음으로 불평등을 경험하는 것이다. 개념없는 소리로 들릴지 모르나, 나에게는 사회적 차원의 거창한 정의보다, 단지 여자이기 때문에 명절마다 허리 부러지게 일해야 하는 사태를 해결할 수 있는 정의가 더 와닿는다.

바깥세상은 몰라도 적어도 가정만큼은 사랑의 원리가

지배한다고 믿는 사람에게 정의의 개념을 들이대는 것이 낯설거나 심지어 불쾌할지도 모르겠다. 혹 가정에 불평등이 있어도 그것은 사랑에서 비롯되는 자발적인 헌신과 희생이기 때문에 정의의 차원에서 논할 문제가 아니라고 여길 수도 있다. 하지만 뭔가 부당하다고 느끼는 대다수의 여성을 피해망상 환자로 몰지 않는 한 '자발적' 헌신과 희생으로 여성의 노동을 다 설명할 수는 없다. 2011년 경제협력개발기구OECD의 보고서에 의하면, 한국 남성의 하루 평균 가사·돌봄노동 시간이 50분이 안 되는 반면 여성의 경우는 3시간 30분이었다.[6] 맞벌이든 아니든 남성의 가사노동 시간에는 큰 차이가 없었다. 흔히 이해하는 대로 가사노동이 여성의 몫인 이유가 남자가 밖에서 돈을 벌어오기 때문이라면, 여자가 밖에 나가 돈을 벌어도 남성의 가사노동 시간이 크게 달라지지 않는 현상은 어떻게 이해해야 하는가? (간혹 돈을 벌지 않는데 가사노동도 하지 않는 남자도 주변에서 볼 수 있다.)

여성학에서는 이것을 성역할 이데올로기로 설명한다. 그것이 이데올로기인 이유는 현실에서는 생계를 위해 일하는 여성들이 많음에도 불구하고 여전히 그 틀로 남자와 여자의 역할을 바라보기 때문이다. 성역할 이데올로기는 남녀 불평등을 재생산하는 주요 원인이며, 또 한 가지 원인은 무보수 가사노동이다.[7] 여성학을 공부하던 초기에 인상적으로 본 단편 애니메이션이 있다. 주부가 아침부터 밤까지 식사 준비, 청소, 빨래, 아이 돌보기, 장보기 등등의 일을 처리하며 분주하게 움직이는 모습을 보여 준 후, 학교에서 돌아오는 두 아이가 대화하는 장면이 마지막에 나온다. 주부의 아들에게 친구가 묻는다. "너희 엄마 일하시니?" 아들은 가정주부인 엄마를 떠올리며 아무 망설임 없이 "아니"라고 대답한다. 끊임없이 일을 하는데도 노동으로 인정받지 못하는 현실에서 어떻게 부당함을 느끼지 않을 수 있을까? 더군다나 대학까지 남성과 똑같은 교육을 받았는데 말이다.

가정을 사랑의 안식처로 인식하게 된 역사는 그리 길지 않다. 경쟁과 삭막함의 바깥세상과 대비되는 사랑과 안식의 공간으로서 가정은 일터와 가정이 분리된 산업혁명 이후에 구성되었다. 그리고 가정을 유지하는 모든 노동은 고스란히 아내의 몫으로 여겨졌다. 사랑의 공간이라고 인식된 곳에서 수행하는 여성의 노동이 자발적이고 자연스러운, 심지어 본능적인 것으로 인식되는 데에는 그리 오랜 시간이 걸리지 않았다. 하지만 결혼이 곧 생존 및 생계와 관련된 상황에서도 그것을 자발적이라고 부를 수 있을까? 결혼 관계 안에 있지 않으면 당장 생계에 타격을 받기 때문에 수행하는 노동은 자발적이라고 할 수 없다. 직장에서 일하는 것과 똑같은 이치이다. 먹고살기 위한 노동인 것이다.[8] 이 사실만 보더라도 노동자가 요구할 수 있는 정의의 원칙들을 당연히 가정에서도 요구할 수 있어야 한다.

사실 지금까지 한 이야기가 새로울 것도 없고, 여자들도 '에잇 치사스러워' 하는 심정으로 감내하고 마는 상황에 대해 이렇게 이야기하는 이유는 '확장된 가족'에까지 나타나는 불평등 때문이다. '확장된 가족'이란, 가족이 아닌 집단에 가족의 논리를 들이대는 것이다. 예를 들어, 가끔 지하철 광고에 '서로를 가족처럼 생각해서 노사 문제를 풀었다'는 식의 카피가 있다. 가족이라고 생각하니 갈등의 해결점을 찾기가 쉬웠다, 뭐 이런 논리이다. 앞에서 말한 대로 가족이 옳고 그름이나 자원의 공평한 분배와 같은 정의의 원리로 운영되지 않고, 자발적 희생과 헌신과 사랑의 원리로 운영되는 곳이라면, 가족처럼 문제를 해결했다는 말은 곧 잘잘못이나 공평과 불공평을 따지지 않고, 약자가 '에잇 치사스러워서'라는 식의 반응을 보일 법한 해결을 했다는 뜻이다. (나도 근로계약서를 써 봤지만) 계약은 원칙적으로 두 주체 간의 협상과 합의를 통해 서로가 특정 조건에 동의하는 것이다. 그러나 현실에서 '을'의 입장은 결코 '갑'의 입장과 동등하지 않다. 때로는 노예 계약서라고 불릴 만큼 심한 경우도 있다. 거기에다가 우리는 한솥밥 먹는 식구라는 논리를 들이대면, 더 이상 불의와 불평등의 문제를 파고들 수가 없다.

확장된 가족의 대표적 예를 나는 교회에서 찾는다. 〈우린 주 안의 한 가족〉이라는 노래도 있지만, 교회는 스스럼없이 자신을 가족이라고 칭한다. 후기 근대사회로 진입한 이후에 노골적으로 전근대적 가치를 표방하지만 아무도 이상하게 생각하지 않는 집단이 교회가 아닐까. 일례로, 직장 따라 거주지를 옮겨야 하는 몇 안 되는 직업이 목사직이다. 정기적으로 근무지를 순환하는 일부 공직을 제외하고, 온 가족이 '반드시' 직장 근처로 이사 가야 하는 직업은 내가 알기로 목사밖에 없다. 농경사회의 산물인 새벽기도 때문이다. 또한 교회는 '목사'를 청빙하지만, 그 옆에 당연히 사모가 따라와서 비공식적 '보필' 임무를 다한다는 암묵적 전제 때문이기도 하다.

혈연 중심의 가족 공동체로 결속력이 강했던 유대 민족에게 예수님이 제시한 새로운 가족은 혈연이 아닌 아버지의 뜻대로 행하는 자들이 모인 공동체이다. 그것이 오늘날 교회가 스스로를 거리낌 없이 가족이라고 부르는 근거가 되었다. 하지만 문제는, 혈연의 테두리만 넘었을 뿐 '가족'의 이름으로 내부의 불의와 억압과 모순을 은폐하는 현상은 그대로 남아 있다는 점이다. 교회 가족은 기존 가족에서 형태만 확장되었지, 기존 가족의 문제를 고치지는 못했다. 그래서 여성들은 교회에서도 여전히 식당 봉사와 청소 등 가사노동의 연장으로만 참여하고, 중요한 의사 결정 과정이나 리더의 자리에서는 배제된다. 이러한 여성의 지위는 하나님이 그렇게 지으셨고 명령하셨다는 말씀으로 정당화된다. 결국 돌고 도는 이야기이다. '가족'이 무엇인지 어떠한 집단이 가족인지 제대로 생각하지 않고 가족의 논리만 들이대면, 결국 현실의 가족이 안고 있는 산적한 문제를 그대로 가지고 가는 것밖에 되지 않는다.

예수님이 제시하신 새 가족의 기준은 "하늘에 계신 내 아버지의 뜻대로 행하는 자"이다. 아버지의 뜻에는 '정의를 행하는 것'이 늘 들어간다. 그러니 가족 안에서 정의를 말하지 못할 이유가 무엇이겠는가? 아니, 오히려 정의는 기존 가족에서부터 실행해야 확장된 가족 공동체에서도 실행할 수 있다. 사회정의에 굶주린 현상을 곳곳에서 보는 요즘, 나는 오랫동안 제대로 논의조차 되지 못하는 '가족 안에서의 정의'에 너무나 목마르다.

5 잘 싸우자

"우린 지금까지 한 번도 싸운 적이 없어요." "이 사람하고는 싸움이 안 돼요." 이런 부부 혹은 연인들을 보면 우리는 금실이 좋다, 사이가 좋다고 말한다. 얼마나 두 사람의 뜻이 잘 맞으면 한 번도 안 싸우겠느냐는 것이다. 물론 그럴 수도 있다. 두 사람 모두 매우 성숙해서 싸움까지 가지 않고 현명하게, 처음부터 끝까지 차근차근 말로 풀어 가는 사람들도 있을 것이다. 그렇다면 갈등이 없는, 두 사람의 완벽한 일치는 정말로 좋은 사이, 건강한 관계를 뜻할까?

우리 부부는 청년들과 오랫동안 함께 일했다. 그들 앞에서 우리는 거리낌 없이 서로 차이를 드러냈고 논쟁도 했다. 이상적으로 생각하는 사역자 부부의 모습과 어긋나자 놀라는 청년도 있었고, 더 이상 우리와 가까이 지내기를 꺼리는 청년도 생겼다. 아내는 고분고분한 자세로 남편에게 순종해야만 성경적이라고 생각하는 청년들에게 우리 모습은 분명 불편했을 것이다. 지금 생각하면, 둘 사이의 갈등이 너무 표면화되지 않았나 싶지만, 기본적으로 우리가 서로 완벽하게 일치하는 부부라는 인상을 주지 않으려고 했다는 점에서는 아쉬움이 없다.

스캇 펙은 《우리가 바꿔야 할 세상》에서 이렇게 썼다. "결혼에서 생기는 정당한 갈등을 회피하는 가장 효과적인 방법은 지배와 복종의 형태를 확립하는 일일 것이다."[9] 사실 효율과 효과를 따진다면 가부장제가 많은 문제를 해결하는 제도일 수 있다. 종교적·제도적으로 남자는 지배하고 여자는 복종한다는 규칙이 확립된 사회에서는 각자의 역할에 충실함으로써 갈등의 소지를 없애고, 문제가 생겨도 역할에 충실했느냐 아니냐를 따지면 된다. 그러한 역할이 정당한가, 합리적인가, 정의로운가는 논외이다. 그것은 주어진 것이다. 우리 문화의 많은 부분이 기대고 있는 유교가 바로 그러한 종교이자 제도이다. 유교는 남자가 남자이고 여자가 여자인 것은 하늘의 뜻이라고 가르친다. 거기에서 벗어나면 '천리'를 거스르는 행동이 된다. 옛날 어른들이 성역할의 경계를 넘어가는 것에 대해 신적 공포와 같은 두려움을 느낀 이유는 바로 그 때문이다. 기독교인이건 비기독교인이건, 우리가 떠올리는 '금실 좋은 부부'의 이미지도 그와 같은 상징체계에 기대고 있다.

그러한 부부 관계가 안정적이지 않다는 뜻이 아니다. 다시 스캇 펙의 말을 들어 보자. "결혼의 수명 또는 안정성이 반드시 그 조직의 건강성을 나타내는 척도가 아니라는 사실은 우리를 무척 당혹스럽게 한다.…정신과 의사들의 경험에 따르면, 실제로 고치려야 고쳐 볼 도리가 없을 만큼 심각하게 병이 든 결혼이 종종 가장 안정적이다."[10] 부부 관계의 건강성이 안정성만으로 평가될 수 없다는 의미이다. 지금까지 성경에서 말하는 부부 사이의 '한 몸' 이론을 유교의 부부 관계로 풀이하고 가르쳐 온 교회는 이 말에 적잖이 당황할 것이다. 만약 성경에서 가르치는 것이 '안정성' 유지였다면, 유교의 이론은 매우 효과적이다. 가족의 붕괴라고 일컫는 현상 앞에서 더 강력하고 보수적인 가족 체제의 확립으로 안정성을 찾으려는 시도는, 안정성이 곧 건강성이라고 착각하는 데서 비롯된다.

'한 몸'이 안정성만을 의미하는 것이 아니라면 과연 무엇이며, 안정성이 없는 '한 몸'은 가능한가? 후자의 질문에 대한 답은 전자에 대한 답에 따라 다를 것이다. '한 몸'은 '하나의 생각', '하나의 견해'만을 뜻하지 않는다. 스캇 펙의 공동체 이론에 기대어 지금까지 정리한 생각을 요약하면, '한 몸'은 '동등한 권력을 가진 주체들이 더 높은 권력에 순종하며 이 결합을 유지하기 위해서 하는 노력이 만들어 내는 무엇'이다. 그것은 고정되어 있지 않으며, 상황에 따라, 인생의 시기에 따라 다양한 모습으로 나타난다. 동등한 권력을 가진 주체라는 것은, 남자와 여자 모두 관계 안에서 권력을 행사한다는 뜻이다. 일반적으로 남자들은 자신의 권력을 이양하려 하지 않으며, 여자들은 권력을 행사하기 두려워한다. 본보기와 경험한 바가 없을 때, 자신에게 익숙한 대로, 자신이 보아 왔던 대로 행동하기가 쉽다. 부부 사이에 정당한 갈등이 일어났을 때, 각자가 동등한 권력을 가진 주체로 협상하며 풀어 가는 모습을 우리는 보지 못했고 경험하지 못했다. 그래서 본의 아니게 '지배와 복종을 확립하는' 방식으로 갈등을 회피하게 된다.

물론 오늘날 부부 사이에 나타나는 지배와 복종은 과거와 같은 모습은 아니다. 여성과 남성의 교육 수준이 전과는 비할 수 없을 정도로 대등하고, 심지어는 여성이 앞서는 수준에 이르렀기 때문이다. 하지만 얼마 전 인터넷에 어떤 여성이 올린 글을 보니 자신도 사회에서는 멀쩡한, 심지어 똑똑한 여자인데 시댁에만 가면 말도 제대로 못하고 '어버버…' 하는 형국이 된단다. 이처럼 우리의 무의식에는 어떤 '도리'에 대한 인식이 강력하게 자리 잡고 있다. 교회 안에서는 그것이 '부부를 향한 하나님의 뜻'으로 해석되어 신적인 권위를 행사한다.

갈등 없는 밀착 관계는 건강하지 않다는 것이 확인되었다면, 이제 배워야 할 내용은 건강한 관계를 유지하는 싸움의 기술이다. 나 자신이 아직 그 기술을 (많은 실패와 함께) 배우는 단계라서 무어라고 말할 입장은 아니다. 다만 잘 싸우기 위해서 필요한 것에 대해 이야기하고 싶다. 우선은 두 사람이 대등한 권력 주체라는 사실을 부부가 인정하고 받아들여야 한다(이 말에 대한 성경적 근거가 의심되는 분은 갈라디아서 3장 28절을 찾아보기 바란다). 그리고 갈등과 긴장을 버틸 수 있는 마음의 힘을 갖춰야 한다. 그 힘이 없으면 갈등을 회피하는 손쉬운 길을 택하게 된다.

적절한 예인지는 모르겠지만, 박흥용 작가의 만화 《구르믈 버서난 달처럼》을 보면 임진왜란 직전, 혁명을 통해 새 세상을 이루려는 이몽학이 주인공 견자를 거사에 합류시키려고 만나러 간다. 견자는 거절하고 그 자리에서 두 사람은 칼로 실력을 겨룬다. 피차 몇 군데 상처를 내고 끝난 그 칼싸움을 곁에서 지켜본 동행이 이렇게 묻는다. "싸움이라면 살벌해야 할 텐데 이몽학 씨랑 두 분 싸움은 살기가 느껴지지 않았어요. 왜 그렇죠?" 견자는 혼잣말로 대답한다. '급소를 베어서 빨리 끝낼 싸움이 있는가 하면 생명 뺏는 일은 피하고 실력만 겨뤄 보고 싶은 상대가 있지.' 아, 물론 부부 싸움은 실력 겨루기가 아니다. 하지만 상대방의 약점을 가장 잘 아는 처지에서 지울 수 없는 상처를 남기며 한방에 보내 버리는 칼놀림이 아니라, 당면한 문제를 놓고 대등한 위치에서 시시비비를 겨루는 진정한 대결의 기술은 배울 만하다.

이몽학과 견자는 입장 차이 때문에 각자 제 갈 길을 갔지만, 부부는 관계를 유지하기 위해 필요한 대결을 한다. 그래서 오히려 더 잘 싸워야 한다. 추해지지 않는 싸움, 각자의 기량에 존경을 표하면서 협상하는 싸움, 그런 멋있는 부부 싸움을 하는 사람들이 많아지면 좋겠다.

6

목사의 아내가 할 일

나는 목사의 아내이다. '사모'라는 표현은 지양하고 싶다. 문화적으로 너무 많이 덧칠이 되어 있기 때문이다. 내 남편이 목사이기 때문에 나는 목사의 아내이다. 처음부터 그렇지는 않았다. 남편이 결혼하고 한참 후에 신학교를 갔기 때문에 이러한 정체성을 받아들이는 데 상당한 시간이 필요했고, 그동안 갈등도 만만치 않았다. 그런데 이제 와서 내가 나서서 목사의 아내가 할 일을 이야기하는 이유는, 이미 할 일이 많은 목사의 아내에게 또 다른 짐을 부과하자는 의미도 아니고, 내가 순종하는 마음으로 그것의 전통적인 역할을 받아들이기로 했다는 뜻도 아니다.

이야기를 더 풀어 가기 전에 유진 피터슨의 글을 인용하고 싶다. 자신의 회고록 후기로, 어느 젊은 목사에게 보내는 편지글 형식이다.

> 돌이켜 생각해 보니 내가 목사의 고유성을 지킬 수 있게 해 준 두 가지는 예배와 가족이었다네.…어쩌면 그런 것들 자체가 목사를 고유하게 만들어 주지는 않을 걸세. 누구나 대면해야 하는 문제니까 말일세. 하지만 우리의 소명은 하나님과의 관계에서나 사랑의 삶에서나 너무도 공개적으로 우리가 하는 일을 드러내 준다네. 그렇게 공개적으로 노출이 되기 때문에 우리는 허세를 부리며 살 수도 있고, 자신감은 넘치지만 하나님을 신뢰하거나 용감하고 친밀한 사랑을 실천하는 것과는 거리가 멀게 살 수도 있다네.[11]

대중 앞에 자주 설 수밖에 없는 사람은 누구나 약간의 허세가 있고, 맡은 역할에 따라 실제 자신의 모습과 조금씩 다르게 비춰지기도 한다. 목사도 예외가 아니다. 하지만 목사에게는 조금 다른 기준이 적용된다. 왜냐하면 목사는 대중이 아니라 회중을 상대하며, 이를 예배로 인도하는 사람이기 때문이다. 목사의 본분을 가장 잘 지키게 해 준 두 가지로 피터슨은 예배와 가정을 꼽았다. 예배는 목사의 중심을 잡아 준다. 그리고 가정은 목사의 사역과 삶이 현실에 뿌리내리게 도와준다.

가정은 무엇인가? 보통 '따뜻한' '화목한' 등의 형용사로 낭만적으로 묘사하지만, 사실 가정에서 일어나는 일은 아주 육체적이고 물질적이다. 따뜻하거나 화목하지 않다는 뜻이 아니라, '따뜻한'이나 '화목한' 같은 추상적인 용어들이 아주 육체적이고 물질적으로 표현되고 체험되는 곳이라는 뜻이다. 사회에서 엄하거나 고상한 사람을 보고 흔히들 "화장실도 안 가는 줄 알았다"라고 표현하는데, 그러한 사람도 집에서만큼은 자신의 육체성과 물질성을 부인할 수가 없다. 그런데 종교인들은 실제로 육체적인 일을 하면서도 자신의 육체성은 쉽게 부인한다. 영적인 것을 잘못 이해하는 종교에서는 육체적인 것을 열등하게 보는데, 그래서 육체가 필요로 하는 것은 생존을 위해 어쩔 수 없이 하는 일이라고 생각한다.

여자들이 하는 많은 일이 육체적이고 물질적이다. 출산은 온통 몸이 하는 일이다. 자기 몸을 찢고 나오는 아이 앞에서 추상적일 수 있는 사람은 없다. 젖을 물리고, 기저귀를 갈고, 씻기고, 먹이는 일들이 전부 육체적이고 물질적이다. 부엌일도 마찬가지이다. 차려 놓은 식탁만 받아 본 사람은 모르겠지만, 음식 재료를 다듬고, 조리하고, 치우고, 음식 쓰레기 버리는 일도 매우 육체적이고 물질적이다. 우리가 식탁 앞에서 거룩한 말로 기도할 수 있으나, 그 거룩함은 이러한 일상과 분리되지 않는다. 이렇게 육체적이고 물질적인 여자들의 일은 열등하고 본능에 따르는, 경건한 신앙과는 상관없는 일로 여겨졌다. 그러나 실상은 그 반대이다. 우리가 하는 일이 육체적이고 물질적이기 때문에 오히려 신앙을 건강하게 지킬 수 있고, 우리의 인간성을 부인하지 않을 수 있다.

그나마 남자들이 육체노동을 하던 시기에는 자신이 일하는 세계와 물리적으로 대면할 기회가 많았다. 그러나 대부분의 사회적 노동이 사무직이나 서비스직으로 전환되고 많은 육체노동이 기계로 대체되는 오늘날, 사회적인 노동을 통해서 물리적인 세계와 직접 대면할 기회는 많지 않다. 싱크탱크의 연구소장을 그만두고 오토바이 수리공이 된 철학자 매튜 크로포드는 《모터사이클 필로소피》에서 이것을 대체된 행위 주체성으로 설명한다. 물론 오늘날 생산의 모든 기능을 사회로 이양하고 오로지 소비의 기능만 떠맡고 있는 가정이, 그러한 변화에 저항할 특별한 힘을 가지고 있는 것은 아니다. 또한 가정에서 여성이 하는 일이 진정 행위 주체성을 가지고 하는 일인 것도 아니다. 다만 직접 사람을 대면하지 않고도 많은 일을 처리할 수 있고, 가상의 것과 현실의 것이 중첩되면서 인간관계마저도 그 피상적 언저리의 어딘가에 머물기 쉬운 요즘, 그나마 무엇을 심으면 무엇을 거두는지 확인할 수 있고, 사람이 무엇으로 살아가는지를 확인할 수 있는, 날마다 대면하는 직접적이고 일상적인 인간관계인, 말 그대로 한솥밥 먹는 '식구'의 중요성을 말하려는 것이다. (아이를 양육했거나 직접 사람을 돌본 경험이 있다면 기도와 좋은 말이 아닌, 맛있는 음식과 따뜻한 차와 함께 웃는 즐거운 시간이 필요한 때를 안다. 배고프고 피곤하면 우울하고 짜증나는 것이 육체를 가진 사람의 자연스런 반응이다. 모든 문제에 말씀과 기도를 들이댈 일이 아니다.)

지금까지 내가 보아 온 목사의 세계는 삶의 피상성에 빠지기 쉬운 구조를 가지고 있다. 생산노동에서 제외된 목사들은 주로 책의 세계 아니면 정치의 세계에 사는 것 같다. 사람을 만나지만 피상적으로 만난다. 가정에서도 떠받들어진다. 주의 종이기 때문이다. 가부장적 교회는 목사의 이러한 생활 방식을 도전하기는커녕 오히려 강화해 준다. 옛날 영국 속담에 "남자에게 집은 성이다 A man's home is his castle"라는 말이 있다. 집은 가장 안전한 피난처인 동시에 주인은 남자이며, 따라서 집에서는 아무도 그에게 이래라저래라 할 수 없다는 뜻이다. 남녀 관계의 많은 변화에도 불구하고 목사들은 여전히 성주와 같은 지위를 누리고 있다. 게다가 자신을 합리화해 주는 종교적 언어로 무장하면, 목사의 자리는 위험한 자리가 된다. (피터슨은 8개월 간격으로 부모님의 장례를 치렀다. 어머니의 장례 후 격한 슬픔이 올라와 잠시 작은방에서 감정을 가라앉히고 있었는데, 생전 알지도 못하는 어떤 사람이 들어와서 자기 어깨에 손을 얹고 3-4분 정도 설교자 특유의 진부한 말을 몇 마디 하고는 기도하더란다. 그가 떠난 후 피터슨은 같이 있던 딸에게 "오, 카렌, 나는 저렇게 한 적이 한 번도 없었기를 바란다"고 말했다.[12])

그렇다면 목사의 아내가 할 일은 무엇인가? 아내는 남편인 목사가 위험한 자리에 서지 않도록, 철저하게 현실에 발을 디딜 수 있도록 도와야 한다. 목사라고 해서 먹고살 것이 하늘에서 떨어지지 않는다는 사실을 알게 해야 한다. 자신이 일하지 않으면 누군가는 일한다. 강단에서 늘 좋은 말만 하는 자신이 곧 좋은 사람은 아니라는 사실도 일깨워 줘야 한다. 실제 모습과 대면하게 도와줘야 한다. 물론 쉬운 일은 아니다. 우선 여자의 말을 귀 기울여 듣는 남자가 드물고, 목사의 아내 스스로 전통적인 구조 안에 흡수된 경우가 많기 때문이다.

앞에서 '사모'라는 말은 지양하고 싶다고 했지만, 우리에게 '사모'는 거의 고유명사가 되어 버렸다. 나는 '사모'라는 말을 들으면 제일 먼저 떠오르는 단어가 '순종'이다. 가장 먼저, 그리고 가장 자주 꼽히는 사모의 자질이 순종인 것이다. 목사인 남편을 잘 받들면서 보이지 않게 사역을 돕는 것이 사모의 역할이다. 사모는 교회에서, 남편을 머리로 여겨 순종하는 아내의 표본이 되어야 하기 때문에, 더욱더 순종의 미덕이 강조된다. 그러나 말은 '순종'이라고 하면서 목사가 그리고 교인들이 사모에게 기대하는 것은 '묵종'이다. '순종'은 토를 달지 않는 침묵이 아니다. 그리고 우리는 사람에게 순종하는 것이 아니라 하나님께 순종한다. 그렇기 때문에 사람이 잘못하면 잘못이라고 말할 수 있고, 거부할 수 있다.

아내는 목사 옆에 곁다리로 따라가는 존재가 아니다. 목사의 자리가 고유하다면, 목사의 아내의 자리도 고유하다. 그렇기 때문에 누가 어떤 사모가 되느냐는 각 사람의 개성만큼 다양할 수밖에 없다. 더 이상 '사모'라는 자리에 살아 있는 사람을 억지로 구겨 넣는 일은 없었으면 좋겠다.

7

성경적 가정은 기능적 가정?

흔히 연예인 부부를 보고 쇼윈도 부부라는 말을 쓴다. 남들에게 보이는 이미지가 중요한 연예인이니만큼, 부부 생활도 대중이 기대하는 이미지에 맞춰 쇼윈도에 세워진 인형처럼 가장 좋은 모습만 보여 주려고 하기 때문이다. 하지만 어찌 부부 사이가 날마다 이벤트나 꽃가마의 연속이겠는가. 크고 작은 갈등과 싸움과 협상을 통해서 서로에게 익숙해지고 길들여지며 함께 사는 법을 배워 가는 사람들이 부부이다.

쇼윈도 부부 못지않은 사람들이 목회자 부부 혹은 목회자 가정이다. 물론 그 의미는 조금 다르다. 목사는 이미지로 먹고사는 직업은 아니다. 하지만 목회자 가정은 목사에게 아내와 자식이 있어야 한다는 조건을 갖춰 주는 존재일 뿐, 그들 자체로 존중받는 존재가 아니다. 말하자면 어떤 목사가 정상적인 '남자'라는 것을 증명하기 위해서 그 가족은 쇼윈도 부부처럼 늘 디스플레이 되어 있어야 한다.

식사에 초대받아 남편과 함께 나가면 나는 가만히 앉아 있어야 하는 존재이지 대화에 끼어들어서도 안 되고 내 생각을 말해서도 안 된다. 남들 웃을 때 따라 웃고, 조용히 네 네 하고, 남편을 티나지 않게 치켜세우거나, 한 번쯤 한없이 존경스런 눈으로 쳐다봐 주면 된다. 옛날 영국 속담에 "어린아이는 눈에는 띄어도 소리가 들려서는 안 된다"라는 말이 있는데, 목회자의 아내도 눈에 보이기만 하면 되지, 아무도 그 사람의 말을 듣고 싶어 하지 않는다.

남편이 계속 부교역자 생활을 해서 그런지 모르겠지만, 라브리에서 협동간사 생활을 할 때 남편과 대등하게 앉아 사람들과 이야기하고 토론하다가, 목회자의 아내가 되어 갑자기 다른 교회 문화를 접하니 적잖이 당황스러웠다. 목회자 가정은 일종의 모범 가정 역할을 하도록 요구받는데, 그 전형적인 모습은 권위 있고 자상한 남편, 순종적이고 현명한 아내, 예의 바르고 똑똑한(즉, 공부 잘하는) 자녀이다. 각자가 이런 전통적인 역할에 충실하면 그 가정은 모범적이고 화목하다고 사람들은 생각한다.

변화가 빠른 현대사회는 그 속도를 미처 따라오지 못하는 사람들에게 불안을 안겨 주는데, 그 불안 때문에 사람들은 옳고 그름을 떠나 익숙한 것 혹은 향수를 자극하는 것에 집착한다. 자신의 지위가 공격받는다고 느끼는 남성과, 자신이 이전 세대와 다른 것을 요구받는다고 느끼는 여성 모두 그 불안이 클수록 변화의 현실을 직시하기보다는 과거에 집착하여 회귀하려 한다. 나는 그러한 심리적 현상이 다 교회로 집중되는 것이 아닌가 하는 생각이 들 때가 있다. 왜냐하면 여성의 지위와 남녀 관계의 변화가 교회에서 유독 느리기 때문이다. 교회는 자신의 보수성을 지키는 것이 곧 교리와 순결성을 지키는 것이라 여기고, 그것이 사회에 대항하는 무기인 양 더 적극적으로 보수적 입장을 고수한다.

그리고 그러한 교회의 입장을 지지해 주는 것으로 보이는 성경 본문을 근거로 제시한다. 특히 가정에 대해서는 바울이 에베소서에서 언급한 가정에 대한 지침(엡 5:22-6:4)이 자주 인용된다. 그런데 에베소서의 가정훈은 5장 21절의 '피차 복종'이라는 대전제에서 출발한다. 여자에게는 순종을 남자에게는 사랑을 요청하지만 전제는 상호복종이다.

당시에 온전한 인간으로 취급되지 않던 아이에 대해서도 아버지는 자녀를 노엽게 하지 말 것을 요청받는다. 사회적 약자 그룹이라고 할 수 있는 여자, 아이, 종에 대해서는 대체로 순종을 요구하고 남편, 아버지, 상전에 대해서는 사랑과 자비와 가르침을 요구하는 점에서 신분의 차별이 남아 있는 듯하지만, 각자에게 요구되는 사항들은 비중이 동일하며 대전제는 상호복종이다.

그러나 교회에서 이 본문을 설교할 때는 남편, 아버지, 상전[13]의 의무에 대해서는 거의 이야기하지 않고 오로지 여자, 아이, 종의 순종만 강조한다. 어버이 주일에는 어버이 주일이라서 어버이에 대한 순종을 강조하고, 어린이 주일에는 어린이 주일이라서 어린이더러 순종하라고 강조한다. 어버이의 의무에 대해서는 거의 이야기하지 않는다. 또한 바울이 말한 여자의 순종과 남자의 사랑은 성별 분업과 아무 상관없음에도, 남자는 생계 담당자이고 여자는 가사 노동자를 의미하는 것으로 해석한다.

앞에서도 말했듯 긴 역사를 가진 성역할이 구조기능주의 모델과 만나서, 마치 그것이 효율적이고 공평한 역할 분담인 것처럼 되어 버렸다. 구조기능주의 모델이란 생계 담당자인 남편이 가정의 수단적 역할을 하고(돈을 벌어오고), 가사 노동자인 아내가 가정의 표현적 역할(아내와 엄마로서 가족을 위해 모든 재생산 노동을 하며, 가정다운 분위기를 꾸리는)을 하는 방식은 기능의 차이일 뿐 어떠한 차별도 없다는 것이다. 정말로 기능의 차이일 뿐이라면, 그 기능은 서로 바뀔 수도 있어야 한다. 누구든 한 사람이 생계를 담당하면 다른 사람은 가사를 책임지면 된다. 그러나 현실에서는 그렇지 않다. 남편은 실직해도 바로 가사 담당자가 되지 않고, 아내가 생계를 같이 책임져도 남편은 가사를 나누지 않는 경우가 많다. 구조기능주의 모델의 허구성이 드러나는 대목이다.

게다가 이 모델은 유교 윤리와 결합해 불변하는 성역할로 굳어졌다. 한국 사회에서 성역할은 기능이 아니라 천리天理의 문제이다. 남자가 남자의 일을 하고 여자가 여자의 일을 하는 이유는 하늘의 이치 때문이라는 것이다. 따라서 성역할을 바꾸는 것은 하늘의 이치에 어긋나는 일이라고 가르친다.[14] 이 논리가 교회 안으로 들어오면 '천리'라는 단어가 '하나님'으로 바뀔 뿐 내용은 고스란히 보전된다. 그래서 우리의 고정적 성역할은 '하나님의 뜻'이 된다. 내용은 유교인데 용어만 바뀌었다. 그리고 사람들은 그것이 하나님의 뜻이라고 믿는다. 교회에서 맥락을 무시한 채, 자신의 문화에 기초해서 성경 본문을 해석해서 가르치기 때문이다.

성역할이 뒤바뀌는 것에 대단히 예민한 교회가 모순되게도 부부의 분방에는 상당히 관대하다. 바울은 고린도전서 7장 5절에서 부부가 합의하여 기도할 틈을 얻기 위한 경우를 제외하고는 분방하지 말 것을 권고한다. 그러나 자식의 교육이나 더 나은 직장을 위해 부부가 따로 떨어져 사는 데는 예민한 태도를 보이지 않는다. 표면상으로는 가족 기능이 유지되기 때문이다. 남편과 아내가, 부모와 자식이 서로 어떤 관계를 맺느냐보다는 남편과 아내, 그리고 자식이 어떤 역할 혹은 도리를 하느냐가 더 중요하다고 생각하기 때문이다.

'가정의 달'이라는 표어를 달고 있는 5월만 되면 가정의 회복, 건강한 가족에 대한 이야기가 많이 나온다. 가정의 역할과 기능만 잘 유지하는 것이 교회가 바라는 가정상인가? 그리스도를 통해 제2의 가족으로 부름 받은 우리는 그러한 틀에만 머물수 없다. 우리는 현실의 가족 안에 살면서 궁극적으로는 그리스도의 가족을 지향한다. 그러나 고정된 성역할은 여기에 걸림돌일 때가 많다. 특히 목회자와 그 아내는 교회 안에서 전형적인 성역할을 요구받고 스스로도 그 틀을 잘 깨지 못한다. 우리의 시선을 현실의 가정 너머에 있는, 예수님이 부르신 궁극적 가정으로 돌린다면 그 속박을 깨기가 좀 더 쉽지 않을까, 생각해 본다.

3부

진리 안에서 자유를 얻다

1

욕망의 맨얼굴 바라보기

얼마 전 아는 분으로부터 나이 들어서까지 신앙이 좋기 힘들다는, 약간 놀라운 이야기를 들었다. 신앙이 좋다는 건 말하자면 자기 부인否認을 잘 하는 건데, 그것도 힘이 있어야 한다는 말이다. 나이 들어서 참을 힘이 없어지면 신앙의 힘으로 자기를 이기기 힘들어지고, 따라서 소위 좋은 신앙인의 모습을 보여 주기도 힘들어진다는 뜻이다. 나이 들어서 나타나는 죄가 있다는 말도 들었다. 젊을 때는 없던 명예욕 같은 것들이 생긴다는 뜻이었다.

아주 새로운 이야기는 아니었다. 나도 어느 정도 심증을 가지고 있었다. 하지만 다른 사람의 입을 통해서 들으니 심증이 굳어지면서 새롭게 다가왔다.

나이 마흔이 넘으면서 생각할 수밖에 없는 것이 잘 늙고, 곱게 늙는 것이다. 가족력 때문에 늘 문제가 되는 콜레스테롤 수치 검사를 위해 올해 몇 차례 채혈을 했는데, 채혈실에 갈 때마다 대기하는 사람들이 눈에 들어왔다. 나이 지긋한 부부, 아픈 노모를 모시고 온 딸, 간병인이 미는 휠체어를 타고 오신 할머니 등 아무래도 환자들은 노인이 많았고, 병도 가볍지만은 않아 보였다. 나의 미래를 보는 것 같아 살짝 우울해지기도 했다. 하지만 '노환'이라는 말도 있듯, 늙는 것과 질환은 떼려야 뗄 수 없는 관계이다.

노인의 영광은 백발이라고 했는데(잠 20:29), 전혀 그렇지 않은 노년을 보는 것은 더 슬프다. 나이를 헛먹었다는 말이 나오는 그러한 노년 말이다. 신약성경은 "우리의 겉사람은 낡아지나 우리의 속사람은 날로 새로워지도다"(고후 4:16)라고 말한다. 나이 들어 몸이 마음대로 움직이지 않을 때마다 위안 삼아 많이 인용하는 말씀이다. 그러나 이것도 자동으로 이루어지는 과정은 아니다. 겉사람이 낡아지는 것은 노력하지 않아도 일어나는 자연의 이치이다. 그러나 속사람이 날로 새로워지는 것은 그렇지 않다. 생명은 자라기 마련이고 이는 자연스러운 과정일 텐데, 새 사람이 자라는 과정은 이상하게 쉽지가 않다. 왜 그럴까?

몸의 힘은 빠지지만 마음의 힘은 강해지는 역방향의 일이 동시에 일어나야 한다고 여기는 것은 내가 아직 노년을 겪어 보지 않아서, 그 어려움을 모르기 때문에 하는 생각일까? 젊음을 칭송하는 사회에서 나이 먹고 밀려나는 것도 서러운데 덕까지 갖추라고 요구하는 건 가혹한 처사일 수 있다.

하지만 《머드하우스 안식》의 작가 로렌 위너도 노년에 대해 이렇게 이야기한다. "우리 젊은 사람들은 나이 든 어른들을 돌보고 존경해야 한다.…그러나 노인은 잘 늙어야 하며, 그들을 지원하는 공동체는 그들이 그렇게 할 수 있도록 도와주어야 한다.…노화는 단지 신체적으로 쇠락하는 과정만이 아니다. 허울을 벗겨 내고 영적인 깊이, 영적인 상승을 이루어 내는 시간이 될 수도 있다."

그렇다면 나이 듦이 쇠퇴만이 아니라 성숙도 동반해야 한다는 생각은 어느 정도 합의가 이루어진 것 같다. '추하다'는 단어의 용례만 봐도 청년보다는 노인을 묘사하는 경우가 더 많다. 노인에게 기대하는 성숙이 있기 때문이다. 자, 그렇다면 처음의 이야기로 돌아가서 '노추老醜'하지 않기 위해 지금 내가 할 수 있는 일은 무엇일까?

우리는 보통 자신의 욕망을 노골적으로 드러내는 경우

를 추하다고 한다. 그런데 그보다 자기 욕망을 종교적으로 포장하는 것이 더 추하다고 나는 생각한다. 기독교인은 욕망이 거세된 사람이 아니라, 그리스도를 닮고자 하는 사람이다. 그리스도는 욕망이 거세된 인간이 아니셨다. 그런데 우리는 교회에 발을 들여놓는 순간 모든 욕망을 거세한 사람이 되어야 한다는 무언의 신호를 받는다. 그래서 인간으로서 가질 수밖에 없는 욕망들이 올라올 때마다 억압하고, 그것들을 누르기 위해 종교적 활동을 더 열심히 한다. 나만 그렇게 누르는 건 억울하니까 남도 잘 누르나 감시한다. 그리고 잘하지 못하는 것 같으면 정죄한다.

소설이 원작인 〈대지의 기둥〉이라는, 중세 말기를 배경으로 한 드라마가 있다. 거기에 보면, 교회 내에서 온갖 정치적 욕망을 드러내며 자기 앞에 거치는 사람은 다 제거하고 권력을 손에 쥐려는 주교가 나온다. 그는 여인에 대해 욕망을 느낄 때 혹은 일이 잘 안 풀릴 때면 웃통을 벗고 자기 몸에 채찍질을 하며, 내가 주를 위해 이렇게 욕망을 억제하며 노력했건만 왜 이런 시련을 주시냐고 하소연한다. 그 모습에서 나는 하나님을 향한 열심이 종교적 권력으로밖에 표출되지 못하는 인간의 초라함과 추함을 동시에 보았다.

정신의학에서 억압은 욕망, 충동, 감정, 생각, 소원, 환상, 기억 등을 포함하는 정신적 내용물을 닫힌 의식에 눌러 두는 정신적 현상이라고 한다. 억압하는 이유는 대개, 있는 그대로 표현이 되면 자신에게 곤란한 일이 발생할 것으로 예상되기 때문이다. 즉, 자기를 방어하고 보호하기 위해 억압한다. "예를 들어, 사람들은 자기에게 좋고 긍정적이고 자랑하고 싶은 것은 억압하지 않지만, 나쁘고 부정적이고 수치스러운 것들은 잊어버리고 싶어 하는 가운데 억압을 하게 됩니다."[1]

기독교인에게 '긍정적이고 자랑하고 싶은 것'은 무엇일까? 자신이 얼마나 열심히 하나님의 말씀을 지키며 헌신하는가가 아닐까. 그런데 이는 금방 도달하기도 힘들고 쉽게 보여 줄 수 있는 것도 아니다. 그렇지만 그리스도인의 성장을 독려하고, 그것을 눈으로 확인하길 원하는 교회에서는 그 결과를 도식화하고 수치화한다. 성경을 얼마나 많이 읽고, 기도를 몇 시간 하고, 헌금을 얼마나 내고, 어떤 봉사를 하고, 전도를 몇 명이나 하는지 등으로 말이다. 물론 이러한 종교적 행위에 대한 비판도 있지만 어떤 때는 그 비판마저 도식화된다. 기독교인들이 '정치적 올바름'에 눈을 뜨면서 어떠한 방식으로 그것을 표현해야 하는지도 틀이 정해진 것 같다는 느낌을 받을 때가 있다. 문제는 이러한 표상들이 진정 자신의 인간됨을 다 반영하는가이다. 인간을 그러한 방식으로 표상하면 인간으로서 자연스러운 욕망들은 드러내기 부끄러운 "나쁘고 부정적이고 수치스러운 것들"이 되어 닫힌 의식 속에 억압될 수밖에 없다.

그러나 억지로 눌러놓은 것들은 언젠가는 튕겨 나오기 마련이다. 아마도 더 이상 누를 힘이 없을 때 튕겨 나올 것이다. 나이 들어 힘이 빠져서든, 상황이 어려워서든, 눌러도 더 들어갈 수 없을 만큼 저장 공간이 다 차서든, 언젠가는 튕겨 나온다.

아무래도 처음의 이해가 잘못되었지 싶다. 성화의 길은 모든 인간적 욕망을 거세하고 무감동의 자세로 가는 길이 애초부터 아니었다. 아름다운 대상을 보면 설레고 흠모하고, 칭찬을 들으면 좀 우쭐해지고, 나도 괜찮은 사람이라는 인정을 받고 싶고, 세상이 나를 불공평하게 대하는 것 같으면 화가 나고, 일이 잘 풀리는 사람을 보면 시샘이 나고, 남이 가진 것은 나도 갖고 싶고, 나도 이만큼은 살고 싶다는 성취의 욕구나 욕망들은 누르거나 거세할 수 있는 것들이 아니다. 궁극적 의미나 대의를 위해 희생하는 모습도 아름답지만 나는 그러한 욕망도 우리를 아름답게 한다고 생각한다. 그러한 욕망을 통해서 나라는 존재가 비로소 구체적인 모습으로 발현되기 때문이다. 그러한 욕망은 인간과 불가분의 관계이다. 기독교의 메시지도 애초부터 욕망을 거세하겠다는 것이 아니라 결핍을 느끼지 않을 정도로 차고 넘치게 채워 주겠다는 것 아니었던가.

문제는 언제나 맥락이고 선(線)이다. 어느 맥락과 관계에서 어떻게 발현되는 욕망인가, 그것이 나와 너의 선을 어떻게 지켜 주고 때로는 기꺼이 (자발성과 합의하에) 서로 넘어가는가가 우리의 욕망을 추하게도 아름답게도 할 것이다. 욕망은 억압과 은폐의 대상이기보다 평생 다스리고 달래며 가야 하는 동반자가 아닐까. 그것을 거세하는 것은 곧 인간성을 거세하는 것이기 때문이다. 구더기 무서워 장을 못 담글 수도, 목욕물과 함께 아기를 버릴 수도 없는 노릇이다. 욕망이 죄를 낳을까 두려워 저 깊은 곳에 꾹꾹 눌러 둔다 해도 언젠가는 비집고 올라온다. 때로는 욕망이 허용되는 유일한 통로로 그 모습을 기괴하게 드러낼 것이다. 검정색 신부복 밑에 가려진 채찍 자국투성이의 몸처럼 말이다. (여기에서 예수님의 몸도 마지막에는 채찍 자국투성이였다는 말은 하지 않았으면 좋겠다. 그것은 다른 맥락이므로.)

그래서 어떻게 하면 잘 늙을 수 있단 말인가. 글쎄, 일단 내가 어떤 사람인지를 좀 알아야 할 것 같다. 내 안에 어떤 욕망과 열망들이 있는지를 말이다. 하나님을 사랑하는 사람도, 하나님과 관계를 맺는 사람도 '나'이기 때문에 우선은 스스로를 알아야 하나님도 알고 사랑할 수 있을 것 같다. 관계는 그렇게 '나'와 '너'에서 출발하기 때문이다.

2   최선의 묵상

얼마 전 출판계에 있는 아는 분께 오랜만에 연락을 드렸다가, 부탁을 하나 받았다. 나의 '묵상 생활'과 관련한 인터뷰 요청이었다. 나는 거절할 수밖에 없었다. 거의 3년간 쉬었던(?) 묵상을 다시 시작한 지 얼마 되지 않았기 때문이다. 이것이 묵상에 대한 나의 고백이다.

  몇 가지 일들이 맞물리면서 나는 더 이상 성경을 볼 수도, 기도를 할 수도 없었다. 꽉 막힌 하수구처럼 그쪽으로 길이 뚫리지 않았다. 생각해 보면 시작은 더 오래전으로 거슬러 올라간다.

  그러니까 여성학을 공부하던 시절이었다. 혹자들은 옳다구나 할지도 모르겠다. 그러나 소위 '세상 학문'의 영향으로 그런 것은 아니었다. 그때부터 비로소 내가 '현실'에 눈을 떴다는 사실이 더 정확한 분석일 것이다. 내가 부닥치는 '현실' 앞에서 나의 묵상 방식은 너무 편협했고 기계적이었다. 어디서부터 무엇이 잘못되었는지 제대로 살펴보거나 생각할 새도 없이, 뒤늦게 시작한 대학원 공부는 일정을 따라가기도 벅찼다. 그 사이에 아이도 낳았으니, 더 정신없을 수밖에 없었다.

그러다 아주 중요한 진로 결정을 놓고 습관대로 성경을 뒤적일 수밖에 없었고, 나름 진지하게 파고들었다. (남편은 나를 혼자 예수원에 보내 주기까지 했다. 아이가 조금 커서 가능한 일이기도 했지만…) 어쨌든 그러한 노력 끝에, 나는 다시 묵상을 회복한 줄 알았다. 그러나 그것은 일회용 반창고 붙이기 식의 해결에 불과했고, 문제는 더 깊은 곳에 있었다.

누가 봐도 나쁜 사람은 나를 아프게 하지 않는다. 그런 사람에게는 별로 기대하는 것이 없기 때문에 아플 일도 없다. 나를 아프게 하는 사람은 나쁜 사람이 아닌 줄 알았는데 알고 보니 그런 경우이다. 이랜드에 다닐 때도 그랬다. 차라리 그냥 회사라면 그러려니 하겠는데, 기독교 회사라고 사방팔방 나발을 부는 데서 상식적으로 이해 못할 일이 일어나니 더 아팠다.

여성학을 공부할 때, 여자 중에도 나쁜 사람이 있다는 현실을 보기 시작해야 비로소 제대로 연구할 수 있다는 말을 들었다. 기독교인을 자처하는 사람 중에도 나쁜 기독교인이 있다는 사실을 인식해야 비로소 현실을 보는 것인지도 모르겠다. 그러나 나쁜 기독교인과의 만남은 묵상을 멈추게 할 만큼 아프다. 게다가 나 또한 나쁜 기독교인이 아니라고 확신할 수 없으니, 그동안 내가 비판한 대로 나도 비판받을까 봐 이러지도 저러지도 못하고 꽁꽁 묶여 아무것도 할 수 없었다. 그렇게 스스로에게 갇혀 산 세월이 성경도 볼 수 없고, 기도도 할 수 없었던 그 시간이다.

기계적인 묵상으로 돌아갈 수도 없고, 새로운 방법은 더욱 알지 못하여 이도 저도 못하고 3년을 보냈다. 변화의 절실함은 있으나 그 방법을 모를 때 사람들은 어떻게 할까. 헨리 나우웬은 자기 내면의 심연을 채우려 하지 말고 그 주변을 돌며 작업을 하라고 조언한다. "고통이 너무 깊을 때는 도망가고 싶을 것입니다. 그러나 피해야 할 두 가지 극단은, 고통에 완전히 매몰되는 것, 그리고 여러 가지 일들에 정신이 팔려 치유하고 싶은 상처로부터 멀찌감치 떨어져 있는 것입니다."[2]

아마도 3년은 그런 시간이 아니었을까. 매몰되려 하지

도, 너무 멀리 있으려 하지도 않으면서, 내 심연의 주변을 조심스레 밟아 가며 작업하는 세월. 물론 조심스레 밟아 간다고 해서 드라마가 없는 것은 아니었다. 때로는 분노에 차서, 때로는 무기력하게, 때로는 냉소적으로, 때로는 나태하게, 인간이 보일 수 있는 여러 감정을 다 경험하며 시간을 지냈다. 그러던 어느 날, 기도가 돌아왔다. 집 나갔다 돌아온 사람처럼 아무런 예고도 없이, 계획도 없이 기도가 돌아왔다.

그로부터 반년이 조금 넘게 흐른 지금, 그래서 이제 새로운 방법을 터득했느냐 하면, 그건 아니다. 나의 방식은 전과 똑같다. 다만 보는 눈이 달라졌고, 받아들이는 내가 달라졌다. 이제는 묵상으로 답을 얻으려고, 자기 확신을 얻으려고 하지 않는다. 유진 피터슨은 성경을 사용하려 하지 말고, 그 세계에 참여하라는 하나님의 초대를 받아들이라고 했는데, 나는 이제야 성경을 사용하지 않는 단계에서 벗어난 정도이다.

그렇다면 이제 묵상에 대한 나의 고민은 무엇인가? 종교 행위로 전락하지 않는 묵상, 기독교인이라는 사실과 내가 사는 삶이 서로 분리되지 않는 묵상을 하는 것이 고민이자 과제이다. 지식은 행동보다 빠르다. 지금까지의 경험으로 보건대, 자기화되지 않은 지식은 쉽게 무기가 된다. 판단하고 재단하는 무기가 되는 것이다. "사랑으로 진리를 말해야"(엡 4:15, 새번역) 하는데, 사랑이 되기 전에 진리를 말한다. 이전에 번역한 책에서 헨리 나우웬은 이런 고백을 한다.

> 장 바니에와 그가 돌보는 장애인들과 함께 살면서 내가 얼마나 성공 지향적인 사람인지를 깨닫습니다. 사업계, 산업계, 스포츠계, 학계에서 결코 경쟁할 수 없는 사람들, 옷을 입고, 걷고, 말하고, 먹고, 마시고, 노는 것이 주요 '성취'인 이 사람들과 사는 것이 내게는 매우 짜증스러운 일입니다. 행위보다 존재가 더 중요하다는 이론적인 통찰은 얻었을지 몰라도, 할 수 있는 일이 거의 없는 사람들과 함께 있으라는 요청을 받고 나니, 내가 그 통찰을 실현하려면 아직 멀었다는 생각이 듭니다.³

나우웬은 대학에서 가르치고, 글을 쓰고, 강연을 다니는 동안에도 정말 자신의 집으로 삼을 수 있는 곳을 계속 찾았다. 그의 일기를 읽으며 내가 계산한 바로는 거의 14년 동안 자신의 궁극적 소명을 찾아다녔다. 이 책은 그가 지적 장애 장애인들의 공동체인 라르쉬를 자신의 궁극적 집으로 삼기 전, 그곳에서 1년을 지내면서 쓴 책이다. 그는 대학 강단에서 가르치는 동안에 충족할 수 없었던 것을 이 공동체에서 발견한다. 아마도 그것은 '삶 자체'였을 거라고 나는 생각한다.

나의 또 다른 스승인 유진 피터슨은 원래 교수가 되고 싶었지만, 신학교 과정의 요구 때문에 교회에서 일하기 시작하면서 강의실은 오히려 너무 쉽다는 생각이 들었다고 한다.

> 이 주제의 거대함을(그 넘치는 아름다움과 충일한 언어를) 제대로 다루기에는 강의실이 너무 좁고 질서정연했다. 강의실에서는 배제되는 것이 너무 많았다. 너무 많은 생명이, 너무 많은 세상이, 학생들의 너무 많은 부분이, 복잡한 관계와 세밀한 감정이 모두 배제되었다. 강의실은 너무 잘 정돈되어 있었다. 나는 날씨의 감촉과 요리하는 냄새, 붐비는 인도에서 서로 밀치는 어깨와 팔꿈치가 그리웠다.[4]

아, 이분도 삶이 그리웠구나, 하고 생각하게 되는 대목이다. 이어서 피터슨은 이렇게 말한다.

반면에 교회에서는 모든 것이 무작위로 계획 없이 동시에 일어났고, 규율도 없는 사소한 잡담이 너무 많았다.…여기에서 죄는 사전에 정의된 단어가 아니었다. 구원은 용어 색인에서 찾아보는 참조어가 아니었다. 누가 무슨 죄를 짓든, 누가 어떻게 구원을 받든 그 사건에는 명령과 약속을 받은 한 개인의 이름이 있었다.[5]

이 대목을 읽고 나면, 교회는 이런 곳인데 지금 우리의 교회는 삶의 현장을 강의실로 만들고 있구나 하는 생각을 하게 된다.

그렇다면 나의 묵상도 삶의 현장을 강의실로 만드는 시간이 아니라, 삶의 현장으로 더 깊이 들어가게 하는 시간이 되어야 할 것 같다. 새로운 발견은 아니다. 머리로는 늘 알고 있었을 것이다. 그러나 언제나 그렇듯 머리로 아는 사실이 마음으로 체득되고 몸으로 체화되는 데에는 시간이 걸리는 법이다. 나우웬의 고백처럼 '아직 멀었다'는 깨달음이 지금 내가 서 있는 자리인지도 모르겠다.

언제나 좋은 말과 바른 말을 해야 하는 사람들, 그리고 그것을 글로 쓰는 사람들은 늘 이러한 고민 앞에 설 것이다. 아니, 이러한 고민 앞에 서야 마땅하다. 최근에 정말 오랜만에 '낯선 곳'에서 강의를 했다. 강의를 마치니 살짝 두려워졌다. 좋은 말은 다 갖다 붙였는데, 내 삶이 아직 감당하지 못하는 것들을 말했다는 생각 때문이었다. 그렇다고 다시 내 안에 갇힐 수는 없는 노릇이다. 말하지 않고 살면 실언은 안 할지 몰라도 소통은 없을 것이다.

그래, 아직 멀었지만 그래도 이제 시작이라는 심정으로, "우리의 일상과는 단절된 채 거룩하신 하나님에 대해서만 말하는 언어, 관념이나 충고나 규칙으로 축소되는 언어, 아무런 이야기가 없는 하나님 얘기godtalk로 전락한 언어를 사용하는 삶"에서 벗어나, "하나님이 하나님 얘기로 비인격화되지 않고 자신들의 일상생활에, 말에서나 행동에서나, 하나님과 삶이 유기적으로 하나가 되는 그러한 일상생활에, '인격적으로 현존하시는 분'으로 이해되는 관계를"[6] 향해 쑥쑥 자라 가는, 그러한 묵상을 하는 것이 지금은 최선인 것 같다.

3
—

익숙한 곳과의 이별

대학에 입학하면서 나는 집을 떠났다. 물론 물리적으로만 떠났을 뿐이고 모든 정신과 존재는 여전히 부모님의 집에 매여 있었다. 일단 혼자 나와 있으니 자유를 전혀 느끼지 못한 건 아니다. 그 자유를 가지고 내가 한 최초의 일탈 행위가 술을 마시고, 교회에 나가지 않은 것이다. 처음부터 그렇진 않았다. 1학년 말까지는 나름대로 노력했다. 소개받은 교회에도 나가고 술도 자제했다.

그러나 스무 살을 앞둔 청년의 번민과 고뇌의 폭은 교회가 품을 수 없었고, 술 없이 지나갈 수 없었다. 친척 집과 엄마 지인의 집을 전전하던 1학년이 지나고, 2학년부터 학교 앞에서 하숙을 시작하면서 나의 방황은 제대로 궤도에 진입했다. 숙취 상태로 맞이하는 아침이 얼마나 괴로운지, 주사로 친구들을 얼마나 괴롭힐 수 있는지 그때 알았다. (내 주사는 주로 우는 것이었다고, 다른 상상을 하기 전에 미리 말씀드리고 싶다.) 일요일에 교회 가는 것이 얼마나 내 유전자 깊이 박힌 습관인지도 그때 알았다. 타고난 기질이 소심한지라 방황은 한 학기로 끝나 버렸다. 몸도 마음도 지쳐 버린 나는 제 발로 교회에 돌아갔고, 그때부터 다시 모범생이 되었다.

무엇이든 잘해야 한다는 강박관념 때문인가, 다시 교회 문턱에 발을 들여놓은 나는 설렁설렁 다니지를 못했다. 남들이 인정해 줘야 비로소 내가 잘한다고 생각하는 나약한 심성의 소유자였기에 교회 생활도 열심히 했다. 단순히 인정에 대한 욕구 때문만은 아니었다. 정말 진리라고 확신하지 않으면 그 요구를 수용할 수 없어서, 스스로 납득할 때까지 기독교를 파고들었다. 그리하여 나는 납득했다고 생각했다. 이 체계면 내가 평생 붙잡고 살아도 되겠다고 생각했다. 그런데 그다음부터가 문제였다. 내 삶의 모든 것을 그 체계에 꿰맞추기 시작한 것이다. 한번 틀이 잡히니 무엇이든 다 그 틀로 해석이 될 것 같았다.

언젠가 아들이 물었다. 왜 돼지 코는 그렇게 납작하냐고. 난 별 생각 없이 대답했다. 하나님이 그렇게 만드신 거라고. 그러자 아들이, 그런 거 말고, 코끼리 코가 원래 짧았는데 누가 계속 세게 잡아당겨서 길어졌다는 이야기처럼, 그런 설명은 없냐고 다시 물었다. 아들은 이야기와 상상력을 원했는데, 엄마는 세상에서 가장 손쉬운 설명, 아무런 노력도 필요 없고 재미도 없는 설명을 내놓았던 것이다. 나는 한 대 얻어맞은 느낌이었다. 무슨 일에든 그저 하나님 하나로 다 설명하려 드는 게으름을 그토록 비난하고, 어떤 문제에도 기도와 성경만 들이미는 상담 아닌 상담을 그토록 싫어했건만, 어느새 나도 그런 사람이 되어 있었기 때문이다.

내가 이해하고 만든 체계에 들어맞지 않는 일들이 현실에서 펑펑 터져도, 그것을 전부 매끄럽게 설명할 수 있는 그 체계만 믿고 있었다. 물론 갈등 하나 없이 살았다는 말이 아니다. 그러나 의문이나 갈등이 생겨도 결국에는 그 체계를 버릴 수 없다는 결론에 늘 도달했다. 한 번도 집을 떠난 적 없으나 그 집이 편안하지는 않았던 그 비유의 큰아들처럼, 나는 집 나간 동생만 비난하는 사람이 되어 있었다.

라브리에서 기독교 세계관을 공부할 때 배웠던 중요한 원칙이, 불신자의 일관되지 않은 신념 체계가 오히려 복음의 다리를 놓을 수 있는 중요한 기회라는 것이었다. 일관되지 않은 부분의 모순을 지적하면서 일관된 복음을 전하는 계기로 삼는다는 의미인데, 이제는 그 원칙을 거꾸로 적용해야 하는 것 아닌가 생각하게 된다. 세상과 소통하지 못하는 기독교의 신념 체계를 깨기 위해서, 그 안의 비일관성 혹은 현실 비적합성을 찾아 소통의 계기로 삼아야 한다는 뜻이다.

처음으로 잡지에 공개적 글쓰기를 시작할 무렵, 나는 큰 아픔과 절망을 조금씩 극복해 가는 과정에 있었다. 그러면서 나의 뇌는 또 습성처럼 이것을 설명할 틀을 찾고 있었다. 과거의 틀로 충분치 않은 줄 알면서도, 그 언저리를 맴돌며 어떻게든 내게 익숙한 것이 돌아오기를 기다렸다. 한때는 돌아온 것도 같았다. 그러나 내 삶은 '더 이상 너의 머리로 짜낸 작은 틀에 갇힐 수 없다'는 양 사방으로 삐져나오기 시작했고, 나는 더 이상은 자신을 속일 수 없는 자리에 설 수밖에 없었다.

습관은 쉽게 사라지지 않는다. 사람이 변하기도 참으로 어려워서, 5퍼센트만 변해도 성공이라고 한다. 그동안 "그래도 나 많이 변했어"라고 말했지만 실은 변하지 않았다. 내 틀, 내 고집은 여전했다. 어쩌면 그 큰아들은 언젠가 자기도 집을 나갈 거라고 생각했는지 모른다. 하지만 끝내 나가지는 못하고 집 안을 맴돌며 불만만 쌓고 있었는지도 모른다. 집을 나가지도, 편하게 거하지도 못하는 어정쩡함, 딱 나였다. 물론 물리적으로 집을 나오는 것만이 대수는 아니다. 어떤 형식으로건 자신에게 익숙한 틀을 깨고, 변하는 삶의 정황에 따라 지도를 수정하지 않으면 성장은 없다. 스캇 펙은 청소년 시절에 완성한 지도로 평생을 살려고 하기 때문에 성장이 고착되어 버린다고 말했다. 성장하려 하지 않는 것, 그것이 바로 악이라고 그는 규정했다.

때로 여행은 익숙한 틀을 깨는 데 도움이 된다. 결혼하고 아이가 있는 여자가 집을 떠나기란 쉬운 일이 아니다. 대학 가면서 한 번, 결혼하면서 또 한 번 물리적으로 집을 떠났지만 내 삶은 늘 집을 중심으로 돌아갔다. 내가 거하는 집이 그 아버지의 집이 맞는지 거리를 두고 살펴볼 여유가 없었다. 부모의 집은 언젠가 떠날 곳이라는 의식을 늘 가지고 있기에 일정 나이가 되면 조금씩 거리를 두면서 떠나는 연습을 하게 된다. 그러나 결혼하면서 꾸린 집은 영원히 거할 곳이라 생각하기 때문에 집 자체가 삶이 되어 버린다. 아줌마, 아저씨라는 호칭이 진부함, 지루함, 혹은 체념의 뉘앙스를 띠는 이유는 아마도 그래서일 것이다. 지금 내가 지은 집이 곧 나의 삶이 되어서 더 이상의 변화도 성장도 신선함도 없는 상태를 반영하기 때문이다. 아줌마 아저

씨에게 싱글 같다는 말이 칭찬으로 들리는 이유는, 단순히 젊어 보인다거나 결혼 시장에서 프리미엄이 있어 보인다는 의미여서만이 아니라, 여전히 사그라지지 않는 '자기 자신'으로 살 가능성을 보았다는 의미 때문이 아닐까.

 최근에 나는 일 때문에 잠시 집을 떠날 기회를 얻었다. 결혼하고 혼자서 어디를 간 것은 아마도 처음이지 싶다. 보통은 일행이 있었고 가서도 주로 현지에 체류 중인 엄마와 함께 머물렀다. 그러나 이번에는 오롯이 혼자였다. 때마침 여행지도 10대 초반을 보낸 영국이었다. 어린 시절에 살았기 때문에 적당히 익숙하지만, 떠난 지 한참 되었기에 적당히 낯선 그 환경은, 지금의 나를 돌아보기에 안성맞춤이었다. 익숙함과 낯섦이 교차하는 지점은 지금의 나를 잘 설명해 주었다. 그곳에서 내가 차마 못 버리는 익숙함의 모습을 객관적으로 볼 수 있었고, 진즉에 버려야 했던 우상을 볼 수 있었다. 그리고 조용히 이별을 고하는 시간을 가질 수 있었다.

 삶은 여행이라는 비유를 많이 쓴다. 그러나 결혼한 여자의 삶은 여행자를 맞이하는 여관집 주인에 가깝다. 내가 세상으로 나갈 수 없으니 세상을 내 집으로 초대한다는 거창한 표현도 있지만, 물리적인 떠남이 주는 유익이 분명히 있다. 하여 나는 집 나가는 동생을 못마땅한 눈으로 바라보던 형의 자리를 이제는 버리련다. 분명 형은 동생을 시기했다. 시기심을 다룬 책《신데렐라와 그 자매들》에서 앤과 배리 율라노프는 자신이 직접 선善을 추구하지 못하고 그것을 누리는 사람을 해코지하는 것이 시기심이라고 말한다.[7]

지금까지 나의 어정쩡함은 선을 정면으로 추구하지 않았기 때문인지도 모르겠다. 유산을 들고 나가 허랑방탕하게 다 쓰고 돌아온 둘째 아들뿐 아니라, 집에서 성실하게 일하던 첫째도 잃어버린 아들이었다. 두 아들을 다 품으신 아버지께서, 설마 선을 찾아 나서는 이 딸을 탓하실까. 어쩌면 딸이었기 때문에 더 내 집 같지 않았던 그 체계를 벗어나는 나를 향해, 아버지는 진짜 집은 처음부터 거기가 아니었다고 말씀해 주실지도 모르겠다. 익숙함을 벗는 작업은 늘 쉽지 않다. 도중에 주저앉을 가능성도 있다. 그러나 그것이 시도하지 않은 것에 대한 변명이 될 수는 없다. 그러니 이제, 두 아들을 품으신 아버지를 의지해 딸인 나를 향한 선은 무엇인지 한 발 한 발 내딛으며 찾아보아야겠다.

4

선택 앞에 선 우리의 고민

1998년에 개봉된 영화 〈유브 갓 메일〉의 남자 주인공은 커피 전문점 스타벅스에서 커피를 주문하려고 기다리며 이런 대사를 한다.

"스타벅스와 같은 곳의 목적은 의사결정 능력이 하나도 없는 사람이 커피 한 잔을 사기 위해 여섯 개의 결정을 내리도록 만드는 것이다. 쇼트, 톨, 라이트, 다크, 카페인, 무카페인, 저지방, 무지방 등등 말이다. 따라서 자신이 도대체 뭘 하고 사는 건지, 어떤 사람인지 전혀 모르는 사람도 단돈 2.95달러면 커피 한 잔만을 사는 것이 아니라 내가 이런 사람이구나, 하는 확고한 의식이 생긴다. 톨 사이즈요! 디카페인으로요! 카푸치노요!"

한편,《짝, 사랑》의 저자 황상민 교수는 선택의 패러독스에 대해서 이렇게 말한다.

> 우리가 현실에서 힘들다고 느끼는 순간은 '선택할 옵션이 많을 때'이다. 여기에서 '맥시마이저 성향'을 추구하는 심리까지 가세하면 문제는 더욱 복잡해진다. '맥시마이저 성향'이란 자기 선택에서 최대의 효용과 최대의 만족을 추구하려는 심리 상태이다. 이런 심리 상태의 사람들은 자신이 정작 어떤 선택을 한 후에도 불만을 가진다. 여전히 자신의 선택에 대해 고민이 많다. '최고'라는 외부의 인정이 있기 전에는 여전히 불안해하면서 불만을 가지는 상태이다. 한국 사회에서 특징적으로 나타나는 우리의 모습이다.[8]

간혹 하나님의 뜻을 물으며 '확신'을 얻고자 하는 것은 최고라는 존재로부터 인정을 받고 불안에서 벗어나기 위한 절차가 아닌가 할 때가 있다. 어쨌든 우리는 선택 앞에서 자신이 무엇을 원하는지 새삼스레 생각하게 되고, 내가 무엇을 원하는지 모른다는 사실을 깨달으면 자못 당황하며 스스로 어떤 사람인가를 고민하게 된다.

10대 초반을 영국에서 보내고 한국에 돌아와서 느낀 이

사회의 특징은 선택의 여지를 주지 않는다는 것이었다. 식당에 사람들과 같이 밥을 먹으러 가면 대충 한두 가지로 메뉴를 통일하고, 굳이 다른 것을 먹겠다고 하면 눈총을 받기 일쑤였다. 채식을 하는지, 특별히 알레르기가 있는 음식은 없는지 등을 배려하는 사회에 있다가, 남과 다르면 유별난 사람 취급받는 사회로 온 나는 머리통 얻어맞기 딱 좋은 두더지였다. 먹는 것부터 입는 것까지, 남들은 어떻게 하는지를 보고 따라가야 하는 사회에서 내가 원하는 바는 중요하지 않다. 내가 '대세'를 따라가고 있느냐가 더 중요하다.

그나마 요즘에는 선택권의 환상을 심어 주는 스타벅스와 같은 곳의 등장으로, 상품 소비를 통해 어느 정도 자기 색깔을 드러내는 길이 열릴 듯 보이기도 한다. 황상민 교수는 같은 책에서 "경영 전문가들은 다양한 선택의 가능성이 제공되는 걸 소비자에게 최선의 상황인 것처럼 호도한다"라고 하는데, 정말이지, 내가 돈을 쓰겠다고 마음먹고 나면 갑자기 다양한 선택의 상황이 눈앞에 놓이게 되는 걸 경험한다.

사실 과거와 비교하면 우리 삶에 그렇게 선택권이 없는 것은 아니다. 특히 여성의 삶은, 때가 되면 결혼해서 아이

낳는 것이 전부이자 유일한 선택지였던 시절보다 확실히 지금 더 많은 선택권을 누린다고 할 수 있다. 하지만 현실적 선택지가 다양해지려면 선언적 내지는 명제적 가능성 이상이 필요하다. 무슨 말인고 하니, 결혼하여 가정을 꾸리고 아이를 낳는 것이 여성에게 유일한 생계 해결책이 아니라 하더라도, 직장을 가지고 자기 일을 하면서 남을 부양할 능력까지 갖출 수 있다고 하더라도, 여전히 사회적 통념과 문화적 가치 면에서 여성이 혼자 살아가는 것을 불편하게 만드는 사회라면, 그것이 진정 대등한 선택지겠냐는 것이다.

신분제 사회에서 벗어났다는 것은 개인의 운명이 자신의 출생 성분에 매이지 않는다는 뜻이다. 개인의 노력에 따라서 얼마든지 원하는 인생을 살 수 있다는 것이 그 이론인데, 현실에서 그 이론대로 되기란 쉽지 않다. 어떻게 보면, 신분제 사회가 실제로 사라졌다기보다는 사라졌다는 환상 속에서 산다는 생각이 들 때가 있다. 정작 내 인생에서 바꿀 수 있는 것은 많지 않은데, 사이즈부터 지방 함량까지 커피 한 잔을 어떻게 마실지를 온통 고민하게 만드는 그 선택권이, 선택의 자유를 가진 양 잠시 착각하게 만드는 것이 아닌가 싶은 것이다. 그런 면에서 돈은 곧 자유이다. 돈이 많을수록 선택 폭이 넓어지기 때문이다. 그러나 같은 책에서 황상민 교수는 "짝 찾기와 결혼에서도 선택의 최고 기준은 역시 '돈'이 되어 버렸다"라고 말하면서, 결혼 정보 회사도 돈의 조건으로 사람을 '매칭해' 준다고 한다. 아이러니하게도, 선택의 폭을 넓혀 주는 것 같은 '돈'이 또 하나의 획일적 기준이 되어 다른 선택의 기준을 무화시키는 셈이다.

그렇다면 그저 주어진 '운명'대로 살 수밖에 없었던 과거에서 벗어나, 운명을 만들어 가는 것이 가능하도록 선택의 폭을 넓혀 준 사회적 진보는 아무런 의미가 없단 말인가? 나는 그렇게 생각하지 않는다. 크건 작건 선택의 여지가 있다는 것은 좋은 것이고, 선택할 수 있다는 것은 인간의 자율성이 존중받는다는 것이기도 하다. 스스로 선택하고 결과에 책임질 줄 아는 것이 성장의 과정 아니던가.

중요한 점은, 한계 안에서 무엇을 원하는지 아는 것이다. 그런 면에서 나는 '개인'에 주목한다. 구조나 조건을 초월하는 개인이 아니라, 구조와 타협하고 협상할 줄 아는 개인이다. 개인이 원하는 것은 아주 사소하고 이기적인 것부터 매우 고상하고 이타적인 것까지 다양하다. 호조건이건 악조건이건 주어진 상황에서 얻어 낼 수 있을 만큼 얻어 내며, 인생을 조금은 더 능동적으로 살 수 있는 능력이 개인에게 주어졌다고 나는 믿고 싶다.

선택이 환상이든 실제이든, 인생의 매 단계마다 어떻게든 선택할 수밖에 없다면, 자신이 무엇을 원하는지 가능한 한 분명하게 알아야 도움이 된다. 황상민 교수는 "조건을 맞추지 말고 '내가 선택하니까, 저 사람이 좋으니까!'라는 기준 한 가지면 어떨까? 그냥 '내 인생 내가 산다'고 마음먹으면 큰 어려움이 없이 살 수 있는 것을!"이라고 말한다. 이 말이 어렵게 들리는 사람의 경우, "대부분 자신의 선택을 가장 믿을 만한 그 무엇에 맞추려고 한다"라고 설명한다. 그 이유는 "문제의 정답을 찾는 심리가 작동하기 때문"인데, "특히, 스스로 자신의 문제가 무엇인지 모르거나 선택의 여지가 그리 많지는 않아도 어쨌든 선택해야 한다는 압력을 받을 때, 일반적으로 쉽게 택하는 방법"이 그것이라고 한다.

가장 믿을 만한 그 무엇에 기대어 문제의 정답을 찾는 심리는 교회 안에서도 그대로 적용된다. 많은 경우 사람들은 성경의 가이드라인을 '이거 하면 돼요, 안 돼요?'로 축소해서 답을 얻고자 한다. 스스로 답을 얻어 내는 치열한 과정을 생략하고, 다른 사람의 권위에 기대어 정답을 얻고자 하는 것이다. 여기에서 아이러니는, 기독교는 애초에 그 어떤 사람의 권위에 기대지 않고 스스로가 신을 만나는 과정을 가장 중요한 입문 과정으로 본다는 사실이다. 사회적 신분에 상관없이 누구나 하나님 앞에서는 동일하다는 선언과, 구원은 누가 대신 받아 줄 수 있는 것이 아니라 개인의 고백이 중요하다는 전제는 구조적 제약에서 자유로운 개인을 만들어 냈다. 하지만 역설적이게도 이 개인이 교회의 구조 안으로 들어오는 순간 교회는 개인을 구속한다. 그리고 스스로 답을 얻어 내는 치열한 과정을 장려하지도 않는다. (지금 내가 여기에서 말하는 교회는 이상적 보편적 교회가 아니라 현실에 존재하는 구체적 교회다.)

그렇다면 현실의 교회 구조가 개인을 살려 내는 방법은 무엇일까? 내 나름의 해석으로, 성경에서 말하는 '자원하는 마음'을 그 방법으로 꼽는다. 바울은 헌금을 아까워하거나, 마지못해 하지 말고 기쁜 마음으로 해야 하나님이 사랑하신다고 한다(고후 9:7). 베드로는 하나님의 양 떼를 먹일 때 억지로 하지 말고 자진하여 기쁜 마음으로 하라고 한다(벧전 5:2). 하나는 돈과 관련된 구절이고 하나는 사람과 관련된 구절인데, 둘 다 억지로 하지 말란다. 선택하기까지는 여러 요인이 작용하겠지만, 선택만큼은 오로지 자기 자신이 하는 것이다. 자원하는 마음으로 말이다. 그리고 그 선택의 결과와 책임은 고스란히 자기에게 돌아온다. 결국 자기 몫의 인생이다. 그래서 나는 '내 인생 내가 산다'가 맞다고 생각한다. 하나님 앞에서 자기 인생은 자기가 사는 것이다. 또한 그렇기 때문에 은혜와 용서가 있다고 생각한다. 자기 인생 자기가 살려면 시행착오는 필수이기 때문이다.

바람이 있다면, 앞으로 살아야 할 시간 동안 만나게 될 크고 작은 선택들 앞에서 내 그릇만큼의 자유를 누리는 것이다. 성경에서 마음을 지키라고 하는 의미가 결국 그런 것이 아닐까. 아무도 빼앗아 갈 수 없다고 하는 그것 말이다. 마음을 지킨다는 것은 내가 무엇을 선택할지 안다는 뜻이고, 그 선택은 빼앗기지 않을 것이다. 그리고 그러한 무수한 선택이 '나'라는 고유한 존재를 구성한다. 그러니 이래저래 선택 앞에서는 고민할 수밖에 없나 보다.

5 성에 대해 궁금한 몇 가지

성, 참 어려운 주제이다. 일찍이 스캇 펙 박사는 "섹스는 누구에게나 문제가 된다.…이 글을 쓰고 있는 나 자신, 스캇 펙에게도 문제이다"[9]라고 했다. 이렇게 보편적인 문제를 교회에서 다루는 방식은 단 두 가지이다. 결혼 안에서 하는 이성애 부부의 성은 아름답고, 그 이외의 성은 모두 죄악이고 나쁘다. 그래서 교회가 바라보는 지금 세상은 음란하기 그지없다. 혼전·혼외 성관계, 동성애·동성결혼, 섹시 코드가 지배하는 대중문화, 하의 실종이라는 말까지 나오는 패션, 그 어느 것 하나 거룩하고 신성한 것과는 거리가 멀다.

아마도 교회의 이상은 영국의 빅토리아 시대 혹은 한국의 조선 시대가 아닐까. 영국의 빅토리아 시대에는 볼록한 모양으로 조각된 식탁의 다리마저 음란하다고 천으로 감쌌다. 여성의 다리를 연상시키기 때문이다. 조선 시대의 은장도나 열녀문은 여성들이 정조를 목숨보다 소중하게 여기도록 장려하는 동시에 통제하는 사회적 장치였다. 물론 두 사회 모두 성적인 문제의 원인을 여성에게 돌린다. 남자는 원래 그 방면으로는 충동적이고 그것이 곧 남성성의 특징이니, 정조를 지키는 것은 여자의 몫이라는 뜻이다. 심지어 목숨까지 걸고 말이다.

여성에게 가하는 성 통제는 부권과 관계가 깊다. 여자의 배 속에 있는 아이가 자신의 아이라고 보장받으려면, 이 여자가 자신하고만 성관계를 가진다고 확신할 수 있어야 한다. 십계명에 보면 이웃의 아내는 탐내지 말아야 할 소유물로, 남종, 여종, 소, 나귀 등과 같이 취급한다. 여자가 남자의 소유물이었음을 보여 주는 대목인데, 여자의 성이 가지는 의미는 남자의 아이를 낳기 위한 도구일 뿐이었다. 교회는 오랫동안 성을 출산의 도구로 여겨, 즐거움을 위한 성관계는 죄악시했다. 가톨릭교회는 생리 주기를 이용한 자연피임은 허용하지만 그 외에 다른 인공적 피임은 금지하는데, 이것도 그나마 2차 바티칸 공의회 이후의 일이고 그전에는 모든 피임을 금지했다. 교황 비오 11세의 회칙 '정결한 혼인'에 의하면, "부부 행위는 본질적으로 자녀 출산을 목적으로 하고 있다. 따라서 이를 실천함에 있어 고의로 그 힘과 효력을 박탈하는 행위는 자연에 반대되는 것"이라고 정한다. 그러다가 2차 바티칸 공의회 때 역사상 처음으로 "부부 행위의 목적은 인간 대 인간의 부부애"임을 밝혔다.[10]

가톨릭교회가 과거에 성의 일차 목적을 자녀 출산으로 규정한 것과 바울이 결혼의 일차 목적을 성관계로 규정한 것은 일맥상통한다. 루이스 스메디스는 《크리스쳔의 성 Sex for Christians》에서 "적어도 바울에게 결혼이란 음란의 죄로 넘어가지 않도록 성을 길들이는 한 방편일 뿐이다"[11]라고 말한다. 고린도전서 7장 2절에서 바울은 "음행을 피하기 위하여 남자마다 자기 아내를 두고 여자마다 자기 남편을 두라"라고 말하는데, 4절에서 남편과 아내가 각자 자기 몸을 주장하지 못한다는 말이 나오는 것으로 보아 3절에 나오는 남편과 아내의 '의무'는 성적인 의무라고 해석된다. 어차피 음행을 피하기 위해 결혼했으니 분방도 하지 말고 자기 몸도 주장하지 말며 열심히 하라는 것이다.

기독교 윤리학자 스탠리 하우어워스는 한 강연에서 "사랑에 빠져 결혼했다고 생각하는 건 어리석고, 정욕에 빠져 결혼했다고 생각하는 건 똑똑하다"라고 말했는데, 그만큼 기독교에서 성과 결혼의 관계는 견고하다. (그렇게 따지면 결혼 밖에서의 성관계가 문제되는 만큼 결혼 안에서 성관계 없음도 문제되지 않을까?) 바울이 명시적으로 성관계는 자녀 출산을 위한 것이라고 말하지는 않았지만, 성과 결혼을 묶어 놓은 것은 그 의미도 내포한다고 할 수 있다. 가부장제 사회에서 여자 혼자 아이를 낳아 키운다는 것은 상상하기 힘들기 때문이다.

하지만 오늘날의 결혼이 어디 그리 간단한 문제이던가. 스메디스는 같은 책에서 "아브라함이 살았던 단순한 시대의 남성과 여성이라면 서로 다정히 쳐다보고 나서 단둘이 떨어져 나와 천막으로 가서 정사를 나누기만 하면 되었을 것이고, 그런 후에 그들은 결혼했을 것이다"[12]라고 말한다. 하지만 결혼제도는 계급과 시대, 동과 서에 따라 다르다. 가족이 경제적 생존 단위였던 시대에는 생존을 위해, 귀족의 경우에는 가문의 존속을 위해, 결혼과 출산은 필수였다. 지켜야 할 재산이나 문화가 있는 계급일수록 여성에 대한 성 통제는 더 엄격하게 이루어졌다. 어쨌거나 과거로 갈수록 성직이나 특수한 경우를 제외하고, 남자와 여자가 공히 일정 나이에 달하면 결혼했다. 유교 문화권인 한국 사회는 결혼을 하고 자녀, 특히 아들을 낳아야 비로소 어른으로 대접했고, 인간의 도리를 다했다고 인정했다. 그러나 산업화 시대를 지나면서 결혼은 생존 또는 가문을 위한 생활공동체 존속의 성격은 줄고, 운명적 사랑을 만나 평생 행복하게 같이 산다는 낭만적 사랑이 부각된다. 가문에서 탈피한 개인이 직접 선택하는 결혼 상대라는 면에서 결혼의 공동체적 차원보다는 개인적 차원이 더 강조되는 것이다. 결혼 상대를 결정하는 운명적 사랑이 무엇이든, 그것은 개인이 느껴야 하는 것이니 가족의 요구나 필요보다는 개인의 욕구와 욕망이 더 부각될 수밖에 없다.

그러나 결혼은 여전히 가족을 무시할 수 없는 제도이기 때문에, 가족이 아닌 개인이 부각될수록 성과 결혼의 고리보다는 성과 사랑의 고리가 더 강해진다. 후자의 경우, 자녀 출산의 목적은 최소화되고 개인의 욕망과 친밀감이 중요해진다. 개인이 중요한 서구사회에서는 결혼이 상대와의 애정을 증진시키느냐 아니냐가 중요하다. 결혼을 하지 않은 상태로 지내는 것이 두 사람의 관계에 더 좋다면 결혼을 안 한다. 결혼의 불필요한 부담으로 관계가 나빠질 수도 있다고 보는 것이다. 그렇기 때문에 결혼을 했더라도 상대를 더 이상 사랑하지 않는다면 헤어질 수 있다고 생각한다.

반면에 한국에서는 부부의 사랑보다는 도리가 더 중요

하다. 사랑이 없어도 부부는 살 수 있다. 남편과 아내의 도리, 어머니와 아버지의 도리에만 충실하면 결혼은 유지된다고 생각한다. 영국과 홍콩에 거주하는 싱글 여성의 섹슈얼리티 비교 연구에 의하면, 여성이 비혼 상태로 임신했을 때 영국 여성의 경우는 혼자 키울 것이냐 낙태할 것이냐를 고민하는 반면, 홍콩 여성의 경우는 결혼할 것이냐 낙태할 것이냐를 고민한다고 한다. 홍콩 여성은 상대 남자가 결혼 의사를 밝히면 결혼을 택한다는 것이다. 한국도 마찬가지이다. 여자 혼자 아이를 키우는 것보다 사랑 없는 결혼을 하는 쪽이 여성에게 덜 불행하다는 생각과 아이를 혼자 키우더라도 사랑 없는 결혼은 하지 않는다는 생각의 차이가 바로 사회가 여성의 성을 바라보는 관점과 수준 그리고 그에 따른 제도적 뒷받침의 차이이다.

크리스천에겐 성과 결혼을 꽁꽁 묶은 기독교의 가르침이 딜레마이다. 로렌 위너는 《순결에 대한 솔직한 이야기》에서 오늘날 교회가 가르치는 성이 현실에 얼마나 무지한 가르침인지 말한다. 일반적인 미국인의 성의식과 성윤리를 가지고 있던 저자는 진지하게 기독교로 회심하면서 새로운 성윤리를 받아들여야 했다. 그 과정은 쉽지 않았다. 바울의 성경 구절 몇 개만으로는 남자친구와 자고 싶은 마음이 가득한 자신을 말리기에 역부족이었다고 한다. 한국 사회의 경우, 여자에게 성적 순결을 요구하는 문화는 기독교를 떠나서 보편적이기 때문에 기독교로 회심한 것이 성적 태도에 심각한 도전이 될 문제는 아니다. 반면에 남자의 성에 대해서는 관대하기 때문에 남자가 회심하면 성적 태도에 큰 도전이 되지 않을까 싶지만, 기독교 안에서도 남자의 성에 대해서는 관대한 편이라 그럴 것 같지 않다. 하지만 한국 사회에서도 변화는 나타나고 있다. 몇몇 통계들을 보면 젊은 세대일수록 혼전 성관계에 개방적이다. 반드시 결혼을 해야 한다고 생각하는 사람도 줄었다. 성과 결혼의 고리가 약해지는 것이다. 이러한 변화는 교회에도 영향을 미치기 시작했다. 교회가 청년들을 대상으로 하는 혼전순결 서약식이 그 증거이다.

하지만 교회가 기대하는 성적 순결을 다 지킨 기독교인은 드물다. 게다가 단순한 금욕이 곧 순결을 의미하지도 않는다. 스캇 펙은 이렇게 말한다. "순결이 금욕보다 훨씬 어렵다. 금욕은 적어도 얼마 동안 성적인 활동을 삼가기로 결정하는 것이라고 나는 간단히 정의한다. 순결에는 온갖 함정이 있다. 우리는 신이 우리가 하고 있는 일을 원하신다고 손쉽게 확신하기 때문이다. 또 다른 중요한 의미는 혼전이나 혼외의 성교가 상당히 순수할 수 있는 반면, 부부간의 성교가 심히 음란할 수 있다는 것이다."[13] 아니, 이건 또 무슨 말인가. 어떻게 부부의 성교가 더 음란할 수 있단 말인가. 결혼 안에서만 하면 다 안전한 것 아니었던가. 이것이 바로 그가 말하는 '함정'이다. 같은 책에서 그는 "우리 모두는 살아가면서 성적인 대상을 공공연하게는 아니더라도 은밀하게, 교묘하고 이기적인 방식으로 이용하려는 경향을 가지고 있다"고 말한다.[14] 그는 역사상 가장 에로틱한 시를 쓴 사람들은 수도사나 수녀들이라며, 신을 열렬히 사랑하는 사람은 열정적이고 성적인 사람이라고 한다. 그런 그들이 순결이나 금욕을 택한 이유는 바로 성이 갖는, 상대를 이용할 수 있는 특징 때문이라는 것이 저자의 설명이다. 이처럼 열정적인 사람들이 성을 절제하는 이유는 단순히 금욕하는 도덕적 인간이 되기 위해서가 아니라 "끊임없이 치유적인 방식으로 다른 동료 인간들과 관계를 맺기로 굳게 결심하고" 그 대가를 치르는 것이라고 저자는 말한다.

이쯤 되면 성에 대한 궁금증은 몇 가지가 아니라 매우 많다는 사실을 알 수 있다. 그리고 "결혼 안에서 하는 이성애 부부의 성은 아름답고, 그 이외의 성은 모두 죄악이고 나쁜 것"이라는 교회의 가르침이 얼마나 단순한지도 알 것이다. 성은 누구에게나 문제이다. 우리가 성적 존재로 지음 받았기 때문이다. 성은 육체의 욕망이면서 친밀감의 표시이며 한 사람의 정체성이다. 게다가 가장 경건하다고 할 만한 사람들이 가장 에로틱한 시를 썼다지 않은가. 성은 식욕, 수면욕과 더불어 3대 '욕구'이면서도 동시에 성'관계'이고 성'윤리'를 수반한다. 인간사의 중요한 모든 문제가 그렇듯, 단순한 잣대나 정보만으로 이해할 수 없다. 성은 단순한 도덕적 틀이 아닌 전체적인 인간 이해의 틀로 봐야 한다. 섣부른 정죄는 많지만 깊은 이해는 없는 성, 지금 우리 교회가 성에 대해 가지고 있는 인식이 이 정도 아닌가 싶다.

6

—

엄마는
여자의 천직?

아이를 낳던 날 나는 세상에서 가장 행복한 사람이었다. 아이를 낳아 본 사람은 누구나 출산과 관련한 에피소드가 하나씩 있을 것이다. 나는 예정일보다 일찍 양수가 터졌고, 병원에서 26시간을 진통한 끝에 기진맥진한 상태로 아이를 낳았다. 처음 아이를 안았을 때 그 반가움과 기쁨은 이루 말할 수 없이 컸다. 진통하느라 잠을 거의 못 잤는데도 그날 새벽에 흥분해서 잠을 잘 수 없었다. '내가 엄마가 되었다니!'라고 생각하면서 말이다.

결혼 8년 만에 낳은 아이지만 그렇게 아이를 기다리거나 원하지는 않았다. 이미 두 번의 유산이 있었기 때문에 너무 힘들어서, 아이 없이 살 생각도 했었다. 아이를 끔찍이 예뻐하지도 않고 또 내가 하는 일도 있고, 당시에는 공부도 하고 있었기 때문에 그대로 살아도 될 것 같았다. 임신 중에도 대학원 마지막 학기를 다니느라 힘들어서 태교도 제대로 못했고, 생겼으니 낳는다는 정도의 기분이었다. 그래서 막상 낳았을 때의 그 기쁨은 전혀 뜻밖이었다. 아이를 낳고 한동안은 내가 태어나서 제일 잘한 일이라고 할 정도였으니, 그 여운이 꽤 오래갔던 것 같다.

엄마가 되는 것이 여자의 천직이어서 그런 기쁨을 느꼈던 것일까? 그동안 부인하던 본능이 일깨움이라도 받은 양 말이다. 그러나 생각해 보면 출산의 드라마는 아기를 낳은 당사자만이 아닌 가족, 친지, 친구 모두에게 기쁨이 되는 행사이다. 새로운 생명이 태어났기 때문이다. 살고 죽는 것, 생명과 관련된 것은 아직 인간이 통제할 수 있는 영역 밖이기에 어떠한 환경과 배경에서 태어났건 생명은 인간에게 동요를 가져온다. 내가 아이를 낳아 엄마가 되었다면, 나의 엄마는 할머니가 되고, 나의 아빠는 할아버지가 되며, 나의 여동생은 이모가 된다. 아이의 탄생은 여러 사람에게 변화를 가져온다. 물론 내가 직접 낳았기 때문에 더 기쁘고, 임신과 출산이 가져오는 신체의 변화 때문에 더 강렬한 경험이었지만, 그것만으로 여성과 모성을 운명처럼 엮을 이유는 없다.

그러나 아이를 낳으면 자동적으로 '엄마'라는 호칭이 따라붙고, 여성은 단순히 생물학적으로 아이를 낳을 수 있다는 이유 하나로, 태어나서부터 잠재적 엄마로 키워진다. 사회에서도 결혼 여부와 상관없이, 자녀 유무와 관계없이, 잠재적 엄마로 대우받는다. 어느 곳에서든 단지 여자이기 때문에 엄마와 같은 역할의 보살핌을 요구받는다. 물론 나이에 따라서 좀 차이가 있긴 하다. 어린 여성일수록 애교를 부리는 여동생 역할을, 나이가 많을수록 엄마의 포용성과 따스함을 요구받는다. 그러나 나이가 어린 여성이라 하더라도 큰 범주 안에서는 잠재적 엄마로 여겨진다. '앞으로 엄마가 되면'이라는 말을 수시로 들어가면서 말이다. 여성에게 흡연이 왜 위험하다고 하는가? 출산에 안 좋은 영향을 미친다는 이유가 가장 크다. 여성이라고 흡연이 폐에 영향을 미치지 않는 게 아닌데도 말이다. 이처럼 모든 여성을 잠재적 엄마로 보는 현상은 곧 생물학적 결정론이며 지독한 환원주의가 아닐 수 없다.

거기에다 기독교는 여자가 먼저 속임을 받아 죄에 빠졌기 때문에 정숙하게 살면서 아이를 낳으면 구원을 얻는다는 성경구절(딤전 2:14-15)로 여자에게 모성의 숙명을 강화시킨다. 이 말만 들으면 마치 여자에게 구원의 길은 엄마가 되어 자녀를 잘 키우는 방법 외에는 없는 듯하다. 게다가 남편은 아내를 사랑하고 아내는 남편에게 순종하라는 바울의 가정훈(엡 5:21-6:9)에는 모성 역할에 대한 언급이 없건만, 그 본문을 교회에서 가르칠 때는 이상하게도 아내의 순종에 '아이 잘 키우며'가 따라붙는다. (심지어 남편이 아닌데도 모든 여성은 모든 남성에게 순종하는 것이 마땅한 양 가르친다.) 성경이 가부장제 문화에서 기록되었기 때문에 어쩔 수 없이 가부장성을 반영한다지만, 가부장제 문화에서 해석되기 때문에 가부장적인 적용 또한 어쩔 수 없나 보다.

그렇다고 여성이 자신이 낳은 아이를 기쁘게 키우는 것이 다 가부장제에 굴복하는 것이냐 하면 그것은 아니다. 영장류 연구가로 유명한 제인 구달은 자신의 업적과 달리 자녀 양육에서 어머니의 전통적 역할을 강조해 페미니스트 진영의 비판을 샀지만, 나도 개인적으로는 아이를 낳은 여성은 엄마가 될 수 있는 자유를 마음껏 누려야 한다고 생각한다. 아이를 낳고도 잠자는 시간을 쪼개며 일을 했던 나는, 생계에 대한 압박 없이, 아이를 어떻게 키워야 한다는 사회·문화적 압력 없이, 인간이 하는 일 중에서 가장 물질적이고 육체적인 이 양육의 행위를 제대로 누리지 못한 아쉬움이 늘 남는다.

생후 1, 2년이 중요한 시기임을 모르는 요즘 엄마가 어디 있는가. 문제는 집에서 갓난아이를 직접 키우고 싶어도 그럴 수 없는 엄마들이 그러한 당위론 때문에 죄책감만 커진다는 사실이다. 육아휴직이 있어도 사실상 쓸 수가 없고, 집에서 아이를 보려면 사표를 내야 한다는 최근의 기사를 보고 아직도 갈 길이 멀구나 싶었다. 여성들이 직장생활을 계속하는 대부분의 이유는 생계 때문이다. 어려움을 감수하고 직장생활을 포기한다 하더라도, 아이들을 조금 키워 놓으면 이렇게 저렇게 노동시장으로 복귀한다. 한국 여성의 고용 곡선이 M자를 이루는 것은, 아이를 낳는 생물학적 출산기에 고용이 부쩍 줄었다가 그 후로 다시 늘어난다는 뜻이다. 즉, 여성의 노동 단절이 크다는 말이다. 내 주변만 봐도, 자녀가 초등학교에 들어가면 다시 일을 시작하는 엄마들이 많다. 그전에 어떤 직업을 가졌느냐에 따라 다르지만, 다양한 형식으로 많은 사람들이 노동시장에 복귀한다. 드라마에서도 자주 등장하는 대사가 "아이의 학원비라도 벌기 위해서" 아니던가. 나는 집에서 번역을 했기 때문에 급격한 노동 단절은 없었지만, 생계 때문에 잠시라도 일을 놓을 수 없었던 생활은 여러모로 고달팠다.

교회가 여성에게 엄마가 천직이라고 가르치려면, 전도사 월급을 한 가정이 먹고살 수 있게 주어야 한다. 신학교를 거쳐 어디든, 가족이 한 달 먹고살 정도로 벌 수 있는 자리에 가려면 빨라도 4-5년이 걸리고, 어떤 경우는 아예 그런 날이 오지 않는다. 구조적으로 엄마라는 천직을 집중적으로 수행하기 힘들게 만들어 놓고, 그렇게 가르치는 것은 모순이 아닐 수 없다. 이처럼 남성 생계 부양자/여성 가사 담당자라는 성별 분업을 교회가 성경의 가르침인 양 그대로 가져온 것은 특정 계급의 이해만 대변하는 행동이며, 필요에 의해 노동시장으로 나갈 수밖에 없는 여성들에 대한 이해가 얼마나 부족한지를 단적으로 보여 준다.

여성의 노동이 가치 있게 여겨지던 시대에는 모성에 대한 특별한 요구가 없었다. 모성의 탄생은 아동기의 탄생과 맥을 같이한다. 엘리자베트 벡-게른스하임은 《내 모든 사랑을 아이에게?: 한 조각 내 인생과 아이문제》라는 책에서 모성의 역사를 설명한다. 경제 공동체의 역할이 가족에게 가장 중요했던 산업 시대 이전에는 매일의 생존을 보장하고 대를 잇는 일이 가장 중요했고, 따라서 아이를 낳는 것은 당연했다. 가족의 생존을 위한 여성의 노동이 그만큼 중요했기 때문에 어머니에게 특별히 요구되는 모성은 없었다. "오늘날 우리에게 친숙한 모성의 형태는 의외로 아주 새로운 제도이다. 또한 그것은 유례가 없는 것으로 부유한 사회의 산물이다."[15] 산업화가 일어나면서 경제 공동체였던 가족은 해체되었다. 경제 활동은 가정 밖에서 일어나고 이걸 계기로 성별 분업이 자리 잡는다. 그리고 부르주아 가족의 탄생과 함께 유년기는 진지한 연구와 토론의 대상이 된다. 유년기가 중요하게 여겨질수록 그것을 담당하는 어머니의 역할은 격상되고, 오로지 어머니가 되기 위해 창조된 여성들이 탄생하게 된 것이다.

이러한 역사의 연장에서, 게다가 한국 사회에서 엄마가 된 나는 사회가 이상적으로 제시하는 모성 역할에서 자유로울 수 없었다. 자녀의 잘되고 못되고의 책임을 전적으로 엄마에게 묻는 우리 사회는, 아이를 낳은 순간부터 엄마를 피곤하게 만든다. 우리에게 주어진 모성이 사회적으로 어떤 방식으로 구성되어 부과되는지 돌아보고 생각할 겨를도 없이, 아이를 낳은 엄마들은 생후 몇 개월부터 무엇을 언제 시작해야 하는지에 대한 육아 정보에 시달린다.

나를 엄마로 만들어 준 아이에게 고마웠지만, 아이를 낳은 순간 사회와 문화가 기대하는 모성 역할로부터 자유롭기는 힘들었다. 자녀양육과 일을 병행하느라 늘 마음이 쫓

겨서 한 번씩 아이를 성가셔 할 때는 엄마가 맞느냐는 말도 들었다. 하나님이 주신 천직을 함부로 대하는 것 아니냐는 질책 같은 말이었다. 하지만 생각해 보라. 사람의 성장 배경과 개성, 삶의 조건은 다 각각인데 어떻게 유독 엄마만 단 하나의 이상적인 모습이 있을 수 있겠는가. 우리가 단일한 조건에서 모성 역할을 수행하지 않는 이상, 각자가 엄마가 되는 방식은 다양하지 않겠는가.

어떤 여성들은 원하는 시기에 원하는 방식으로 엄마가 되고, 어떤 여성들은 그렇지 않다. 엄마가 되고 싶어도 되지 못할 수 있다. 어떠한 시기에 어떠한 방식으로 엄마가 되건 되지 않건, 그것이 여성 개인의 삶을 지배할 이유는 없다. 각자의 개성만큼 엄마로 사는 방식도 다양하다. 거기에다가 각자의 사회·경제적 환경과 개성까지 덧붙이면 얼마나 다양한 엄마들이 존재하겠는가. 가부장제에 종속되지 않는 엄마가 되려면 바로 그러한 다양성의 자유가 보장되어야 한다.

우리 문화는 자녀의 운명을 엄마와 묶기 때문에 아이와 엄마 모두가 살기 힘들다. 부모가 되기로 결정한 10대나, 혼자서 아이를 키우기로 결정한 싱글맘이나, 심지어 정자를 기증받아 엄마가 된 사람들의 기사를 볼 때마다, 주체적으로 엄마가 되기로 결정하는 여성들이 늘어나는 것 같아 반갑다. 쉽지 않은 행보이지만, 인생의 주체로 살려는 이러한 노력들이 운명처럼 운운되는 '엄마'라는 역할에 균열을 가져오면 좋겠다. 하지만 늘 안타까운 건 이러한 의식의 발전을 따라오지 못하는 진부한 관습과 제도이다.

7. 관심인가 오지랖인가?

언제부턴가 지하철 이용 수기 공모에서 수상한 글이 공익 광고처럼 붙기 시작했다. 아직도 이런 게 먹히는가 싶으면서도 무심결에 읽게 된다. 그중에서 어떤 글을 보니 아시아계 외국인 여성(아마도 한국인 남성과 결혼한)이 아이를 안고 지하철에 탔는데 아이가 울며 보채자 주변에서 자리도 내주고, 한두 마디 건네며 훈훈한 분위기를 연출했다는 이야기이다. 한국에서 흔히 볼 수 있는 풍경이다. 임신한 여성이나 어린아이를 데리고 다니는 여성이 유독 관심의 대상이 된다. 임신한 여성은 몇 개월이냐, 산달이 언제냐, 첫째냐, 아들인지 딸인지 아느냐 등의 질문을 받는다. 어린아이를 데리고 다니는 여성은 아이의 외모에 대한 평가부터 시작해서 어디 가느냐, 동생은 있느냐, 형이나 누나가 있느냐 등 엄마에게 하는 건지 아이에게 하는 건지 모를 질문을 받는다. 주로 나이 드신 할머니들이 많이 묻는데, 곧바로 자기 딸이나 며느리 그리고 손자 이야기로 옮아간다.

공통 경험을 토대로 모르는 사람에게 쉽게 말을 건네고 관심을 갖는 우리 문화에 대해서 '정'이라는 표현을 많이 쓴다. 하지만 나는 그게 정으로 느껴지기보다 불편한 간섭으로 느껴질 때가 많았다. 둘째 아이를 막달에 사산하고 얼마 되지 않아 큰아이를 데리고 지하철을 탔다. 노약자석에 빈자리가 있어 아이를 잠시 앉히니 옆에 앉으신 할머니가 어김없이 질문하신다. 형이 있는지. 없다고 하니까 그럼 동생이 있냐고 물으신다. 그러자 아들이 동생은 죽었다고 대답했다. 나는 아들의 대답을 말리지 않았다. 우리 부부는 동생이 죽은 사실을 숨기지 않고 아이에게 잘 설명했고, 그것에 대한 슬픔과 아쉬움을 마음껏 표현하게 했다. 숨길 일이 아니었고, 슬퍼하는 것이 당연했기 때문이다. 그렇기 때문에 아들은 질문에 스스럼없이 대답했다. 상대를 당황케 할 여지가 분명히 있지만, 아이에게 어른을 배려해서 거짓말을 하라고 가르칠 일도 아니고, 일단 상대가 그렇게 질문을 해 온 것이니 그렇게 대답하는 게 오히려 낫다는 생각이었다. 안 그러면 상대의 호기심에서 비롯된 질문이 끝도 없이 이어지기 때문이다.

나를 잘 아는 사람부터 모르는 사람에 이르기까지, 그들의 관심에서 우러나오는 말이 오히려 불편하게 느껴지는 심정을, 최근에 즐겨 보는 어느 웹툰에서 아주 잘 표현했다. 〈어쿠스틱 라이프〉를 연재하는 '난다'라는 필명의 작가는, 결혼하고 한동안 아이 없이 지내다가 얼마 전에 임신을 했다. 임신 전부터 임신했을 때까지 관심으로 치장한 온갖 훈수가 자신에게 주어지는 것을 '참을 수 없는 오지랖의 가벼움'이라고 그는 표현했다.

내가 어떤 결정을 하든 섣불리 오해하지 않을 만큼 꼼꼼하게 나를 지켜본 사람들이 아닌 이상, 오지랖은 남에게 훈수를 두며 우월감을 느끼거나 걱정하는 척하며 자신의 행복을 재확인하고 사라지는 말에 불과하다고 작가는 지적한다. 임신 전에는 "애가 있어야 부부 사이가 끈끈하다" "아이 없는 부부들이 이혼율도 높다" "애 없으면 말년에 외롭다"라는 훈계부터, 임신 후에는 "일보다 육아가 중요하다. 몇 푼 번다고 어린이집에 맡기냐" "외동이라니, 낳을 거면 둘은 낳아야지. 이기적이네"라는 참견까지, 듣고 보니 다 익숙한 말들 아닌가? 게다가 결혼 전에는 "언제 결혼할 거냐" "일도 좋지만 제 짝을 만나야지" "혼자 살면 말년에 외롭다" 등의 말이 따라온다. 나도 임신과 출산이 늦었기에 첫아이를 낳을 때까지 부지런히 이런 말들을 들었고, 첫아이를 낳고 나서는 둘째에 대한 질문과 압박을 은근히 받았다.

너와 나의 경계 없이 주어지는 '관심'의 말들이 남성보다는 여성 사이에서 더 스스럼없는 것이 사실이지만, 그렇다고 남성의 훈수가 전혀 없지 않다. 내 경험에 의하면 자신이 아는 영역에 대해서는 남성들도 아낌없이 말을 거든다. 보통 먼저 경험한 사람, 나이가 많은 사람이 훈수를 둘 권리를 갖는 데 암묵적 동의가 이루어진다. 경험이 적거나 어린 사람은 불편하더라도 원만한 인간관계를 유지하고 싶다면 감수하는 것이 우리 문화의 암묵적 합의이다.

우리의 언어만 봐도 나와 남의 경계가 분명하지 않다. 가족 관계에서 쓰이는 호칭인 형, 누나, 언니, 오빠가 조금만 사이가 가까워지면 남에게 적용된다. 우리 문화의 특징이 강한 가족주의이다. 남에게 한 마디하고 싶을 때 "네가 동생 같아서 하는 말인데…"라고 운을 뗀다. 즉, 참견일 수도 있는 관심을 정당화하는 표현이 넓은 의미의 가족 호칭이다. 사회 전체가 이러한 인간관계를 맺고 있기 때문에 한국에서는 개인이 설 자리가 유난히 없어 보인다. 교회는 '기도해 주겠다'는 종교적 표현으로 남의 개인사에 지나친 관심을 가지고, 권면의 이름으로 선을 넘는 훈수를 둔다. 게다가 교회는 이미 하나의 가족임을 스스로 표방하는 곳 아닌가. 교회 안에서 일상적으로 쓰이는 형제, 자매라는 호칭은 평등의 표현 같으나 우리 문화의 가족관계를 그대로 반영하는 데 불과하다.

이와 같은 관심을 무조건 다 비판하는 것은 아니다. 때로는 관심이 고맙다. 그러나 고마울 때는 앞에서 인용한 작가의 표현대로 '자신이 어떤 결정을 하든 섣불리 오해하지 않을 만큼 꼼꼼하게 자신을 지켜봐 온 사람들'인 경우나, 진심 어린 관심으로 나의 결정을 존중해 줄 때이다. 사람 자체를 존중하는 관심이 있다면 섣부른 조언을 하지 않을 것이고, 자기의 조언이 받아들여지지 않아도 상대의 결정을 그 사람의 몫으로 인정할 것이다.

하지만 유난히 남의 시선에 예민하고 남들이 하는 만큼 해야 비로소 자기 존재를 확인하는 우리 문화에서, 개인의 목소리를 내며 개인의 자리를 존중해 줄 것을 요구하는 젊은 세대를 보면 우리 사회도 변한다는 느낌을 받는다. 내 20대 시절만 해도 집에서 독립하는 방법은 결혼밖에 없었다. 부모님과 다른 지역에서 살기 때문에 자취나 하숙을 하는 것이 아니라면 결혼만이 정당한 '출가'의 방법이었다. 여자의 경우는 더욱 그랬다. 그러나 요즘에는 어느 정도 나이가 들고 직장이 있으면 되도록 집에서 나오려고 한다. 그러한 시도를 한 번씩 해 보는 20-30대 청년들을 보면서 개인의 독립 욕구가 확실히 전과는 다르구나 싶다. 2010년 통계청 자료에 의하면 다섯 가구 중 하나가 1인 가구이다. 독신 가구의 경제적 상태가 언제나 안정적인 것은 아니지만, 독신 가구의 증가는 사는 방식에 대한 가치관이 확실히 변하고 있음을 보여 준다. 개인에 대한 의식은 자신의 공간을 원하는 것으로 발전한다. 정체성이 형성되는 청소년기에 '내 방', 즉 내 공간에 대한 욕구가 생기는 것도 그 때문이다.

간섭을 받지 않는 개인의 삶에 대한 욕구는 점점 더 커질 것 같다. 독신 가구는 앞으로 계속 증가할 추세라고 한다. 이러한 가치관의 변화는 이미 일고 있는데, 옛 관습은 아직도 남아, 남의 인생을 책임지지도 않을 거면서 이런저런 훈수를 놓는 현상 때문에 "너나 잘하세요"라는 유행어가 등장한 것 같기도 하다.

내 청년 시절에는 교회에서 공동체가 한창 유행이었다.

지방에서 올라온 사람들이 '공동체'를 이루어 같이 사는 경우도 있었다. 자취생들의 공동생활 정도에 '공동체'라는 이름을 붙여 나름의 이상을 꿈꾸기도 했다. 여러 형태의 공동체는 1차 가족에서 점차 독립하는 시기에 잠시 의지하는 대상으로, 심리적 안정감을 주고 친구를 사귀고, 더부살이의 이러저러한 점들을 배우는 유익이 있다. 하지만 그러한 시기의 공동체는 오래가지 않는다. 그 후로도 나름 공동체에 뜻을 품고 실험을 하는 경우도 있지만, 지속되는 공동체보다는 도중에 깨지는 공동체에 대한 소식을 더 많이 들었다.

공동체의 이상에 비해 현실이 쉽지 않은 이유를 나는 개인주의의 부족으로 꼽는다. 다른 사람에게 관심을 갖고 잘해 주는 친절도, 개인에 대한 존중이 없으면 오지랖이 되기 쉽다. 형제자매의 이름으로, 공동체의 이름으로, 그런 오지랖이 너무 자주 행해지면 불편하다. 나이와 성별에 따른 권력 관계가 남아 있는 우리 문화에서 상대적 약자는 그런 불편함을 표현하기 힘들다. 그래서 속으로 삭이며 버티다 공동체에서 이탈한다. 그렇다고 간섭한 만큼 언제나 서로를 책임져 주는 것도 아니다. 한국 사회에서 공동체는 집단주의가 되기 쉽기 때문에, 생각이 다른 내부인은 곧 공동체의 적이 된다. 기독교의 협소한 시야에서 조금이라도 벗어나면 금세 쌩하고 등을 돌리는 집단이 소위 기독교 공동체이다. 교회 안에서 이혼자와 한부모 가족들이 아직도 설 자리를 찾기 쉽지 않은 것이 그 한 예이다.

돌이켜 보면 내가 해 온 약간의 경험을 가지고 선배의 이름으로, 관심의 이름으로, 이런저런 훈수를 둔 적이 많다. 라브리나 교회에서 청년들을 대상으로 가르치기도 하고 상담도 하다 보니, 마치 상대가 내 조언을 기다리기라도 하는 양 대화의 절반 이상이 훈수인 경우도 있었다. 역설적이게도 내가 생각하거나 믿는 바에 확신이 없어서 더 그렇게 했던 것 같다. 나만의 조용한 확신을 가질 수 있을 정도의 내공이 없던 시절, 남이 내 생각에 동의해야 비로소 제대로 믿는 거라고 생각했다. 그러나 자신에 대해서, 내 인생과 내 생각에 대해서 확신이 조금 더 생기고 심지가 굳어질수록 훈수도 줄어들었다. 그리고 관심에서든 간섭에서든 내게 훈수를 두는 사람들에게 조금 더 관대해졌다. 말을 가려듣고 마음에 담지 않는 법을 조금씩 터득한 것이다. 물론 아직도 한참 가야 할 길이다. 더 훈련이 되어 훈수는 줄어도 관심은 줄지 않는다면, 그리고 조언은 지혜롭게 듣는다면, 지금보다 더 풍성한 인생을 살 것 같다.

4부

그리스도인, 부끄러움을 배우다

1

하나님의 번역가들

직업이 될 줄 모르고 시작한 번역을 햇수로 16년째 해 오고 있다. 본격적인 직업으로 인식하고 일한 지는 6년 정도 된다. 그전에는 다른 일로 건너가기 위한 임시 직업으로 생각했다. 그러나 이제는 나이로나 경력으로나 다른 일로 건너갈 가능성은 희박하고, 내 손가락과 머리가 허락하는 한 이 일을 계속할 것 같다. 그동안 학업, 육아, 살림을 병행하느라 일한 햇수에 비해 번역한 종수는 많지 않다. 그래도 번역가라는 이름을 달고 살 수 있어서 감사하는 요즘이다.

번역이라는 직업에 대한 오랜 갈등은 번역자가 아닌 저자로 살고 싶은 내 욕망에서 비롯되었다. '지방'에서 몇 가지 기록을 세우며 성공적으로 대학에 입성한 나는, 저자에 가려진 번역자로 사는 인생은 생각해 보지 않았다. 내 친구들도 그랬다. 다들 저자감이지 번역자를 자처할 친구들은 아니었다. (전공 특성상 번역을 직업으로 삼게 된 친구들이 몇 명 있기는 하다.) 라브리에서 협동간사를 하던 시절에 같이 세미나를 하던 다른 협동간사들도 그랬다. 다들 석사 아니면 박사이고 자기 이름으로 글을 쓰는 사람들이었지 남의 글을 번역하는 사람은 아니었다.

번역이라는 직업에 따라다니는 수식어도 그 매력을 반감시켰다. '여자가 하기 좋은 일' '결혼해서도 할 수 있는 일' '살림, 육아와 병행할 수 있는 일'. 이 표현만으로도 한국 사회에서 여성의 노동이 어떤 위치를 차지하는지 대략 알 수 있다. 여자는 당연히 가사와 육아가 먼저이고 일과 병행할 수 있는 선에서 임금 노동을 해야 한다는 전제, 여성은 사회적 노동력으로 환영받지 못한다는 메시지가 이 표현에 고스란히 담겨 있다. 대학 입성부터 졸업까지 남자들과 겨루어 전혀 뒤지지 않은 성과를 낸 나로서는 '여자'가 하기 좋은 일로 스스로를 제한하고 싶지 않았다. 남성과 평등한 대접을 요구하며 여성으로 살아가는 것이 벅차기는 하지만, 자처해서 여성 친화적인 일을 하고 싶지는 않은 묘한 고집이라고나 할까.

훗날 여성학에서 접한 새로운 관점의 번역 이론들은 나의 이러한 심리적 갈등을 속 시원하게 해석해 주었다. 콘코디아대학Concordia University의 셰리 사이먼Sherry Simon 교수는 자신의 저서 《번역에서의 젠더Gender in Translation》에서 이렇게 말했다.

> 모든 번역은 '결함'이 있을 수밖에 없기 때문에 '이른바 여성'과 같다. 이 깔끔한 공식으로 존 플로리오John Florio(1603)는 유산처럼 전해 내려오는 이중의 열등성을 잘 요약했다. 번역가와 여성은 역사적으로 각각의 범주에서 약자의 지위를 차지했다. 번역가는 저자의 시녀이고, 여성은 남성보다 열등하다.…그래서 번역가는 '(문화적으로) 여성의 지위를' 차지한다고 [혹자는] 말했고(Jouve 1991:47),…'나는 번역이다. 왜냐하면 나는 여성이기 때문이다'라고 [혹자는] 자기 정의를 하기도 했다(de Lotbiniere-Harwood 1991:95).… 원작이 재현보다 우위를 점하는 권위의 위계는 남성성과 여성성의 이미지와 연결이 된다. 원작은 강인한 발생적 남성으로 간주되고, 번역은 연약한 파생적 여성으로 간주된다. 따라서 번역을 설명할 때 지배와 열등, 충실함fidelity과 방탕libertinage의 이미지를 빌려 오면서 성차별의 언어

를 자유롭게 끌어다 사용하는 것도 그다지 놀랄 일은 아니다. 그중에서도 가장 끈질기게 사용되는 표현은 'les belles infideles(부정한 미녀)'[1]로서, 이 말은 그럴듯해 보이나 종잡을 수 없는 번역에 대해 수세기 동안 의혹의 태도를 부추겼다.

자기 이름으로 글을 쓰는 것이 여성에게 허락되지 않았던 먼 과거에 여성들은 글을 쓰는 대신 번역을 했고, 자기 글을 써도 남성의 이름으로 발표했다. 작고한 바버라 존슨 Barbara Johnson 교수의 관점은 조금 다른 면에서 흥미롭다.

> 결혼과 번역은 상당히 유사하다. 그러나 번역가는 충실하겠다는 자신의 서약에도 불구하고, 아니 어쩌면 그 서약 때문에, 본분을 다하는 배우자가 아니라 모국어와 외국어 사이에서 충성심이 갈라지는 충실한 중혼重婚자가 되어야 할 것 같다. 모국어와 외국어는 서로 결코 만날 수 없는 상태에서 서로의 요구를 받아들여야 한다. 따라서 중혼자는 이중적으로 불성실할 수밖에 없지만, 그 불성실함은 충실할 수 있는 능력을 극한까지 밀어붙여야만 하는 불성실함이다. 그런데 번역 분야에서는 역설적이게도, 이 이중 동맹이

가져오는 제한들이 면밀하게 다 제시되는 오늘날 충실성 이라는 개념 자체가 의문시되고 있다.[2]

번역과 여성. 그 어디에도 자기 이름으로 서지 못하는 두 가지 범주의 친화성이 그토록 오랫동안 나를 갈등하게 만들었나 보다. 선배 여성들이 얻어 낸 권리에 힘입어 그나마 한 가지 영역에서라도 자기 이름을 얻고 싶었던 욕망은 결핍의 이면이었는지도 모르겠다. 어쨌거나 이 둘은 지금 내 안에서 활발하게 화해 중이다. 그건 번역의 위상이 높아져서도, 여성의 지위가 달라져서도 아니다. 열등과 우월을 논할 수 없는 자신에게 주어진 자리가 있음을 배웠기 때문이다.

〈기독교와 문학〉이라는 글에서 C. S. 루이스는 당시의 문학 비평계가 칭찬해마지 않던 독창성, 창조성, 자발성과 같은 가치들에 대해 기독교적인 비평을 했다.

> 그리스도인에게 자기 기질과 경험은, 단순한 사실로서 그리고 단순히 자기 것으로서는 아무런 가치가 없고 전혀 중요하지도 않습니다. 만약에 자신의 기질과 경험을 다룬다면, 그것은 단지 보편적으로 유익이 될 만한 어떤 것이 그

의 기질과 경험을 매개로, 혹은 그의 기질과 경험이라는 위치에서 그에게 나타났기 때문입니다. 두 사람이 교회 혹은 극장에서 서로 다른 자리에 앉아 있는 모습을 상상해 봅시다. 두 사람 모두 거기에서 나와서 자신의 경험을 이야기해 줄 수 있고, 일인칭 화법을 사용할 수 있습니다. 그런데 한 사람은 자신의 자리가 단지 자기의 것이었다는 이유만으로 거기에 관심이 있습니다. "나는 그 자리가 정말 불편했다"고 그는 말할 것입니다. "구석에 있는 문틈에서 얼마나 심하게 바람이 들어왔는지 모른다. 그리고 사람들하고는! 내 앞에 앉은 여자한테는 한소리 하지 않을 수가 없었다." 또 한 사람은 자기 자리에서 무엇을 볼 수 있었는지 이야기해 줄 것입니다. 자신이 그것을 확실하게 알기 때문에, 모든 좌석이 하나에 대해서만큼은 최고의 전망을 보여 주기 때문에, 그는 그것에 대해서 이야기하기로 선택할 것입니다. 이렇게 말하겠지요. "그 기둥의 몰딩이 뒤까지 돌아간다는 사실을 아셨나요? 게다가 그 뒤에 있는 디자인은 앞의 것보다 더 오래된 것 같았어요." 이 두 가지 예가 바로 자아 혹은 기질에 대한 표현주의자와 그리스도인의 태도에 대한 예입니다.[3]

루이스의 글은 '저자'라는 지위를 다시 보게 한다. 그의 관점에서 보자면 번역자만 '연약한 파생적' 존재가 아니다. 우리는 다 하나님으로부터 '파생된' 존재이다. 엄밀한 의미에서 고유한 저자는 없다. 고유한 저자는 단 한 분이신 하나님이다. 우리는 그분을 우리 삶에서 충실하게 번역해 내려고 하는 번역자들이다. 다시 한 번 루이스를 인용하자면 이러하다. "우리 자신의 모습은 최소한으로 드러내고, 우리 자신의 것이 아니라 그리스도로부터 빌려온 향기를 습득하고, 우리 자신의 얼굴이 아니라 그리스도의 얼굴의 형상으로 가득한 깨끗한 거울이 되는 것이 우리의 운명입니다."

우리의 원서는 하나님이요 그리스도이다. 우리는 그 원서를 해석해서 우리의 세속어로 번역한다. 이 일에 있어서 남자나 여자, 저자나 번역자 모두가 '충실성'의 규칙에 매인다. 성경에서 그리스도인을 '신부'에 비유한 것을 보면, 번역과 결혼은 정말로 유사한 점이 많다. 그동안 나는 번역자로 살면서 '내 자리가 불편한 것'에만 관심이 있었다. 두 언어와 문화의 경계에서 하는 이 일이, 노고에 비해 보답은 턱없이 부족하다고, 결국 자기 책 하나 쓰는 것만 못하다고, 보통 심한 바람이 들어오는 게 아니라고, 불평하며 살았다.

  그러나 번역을 직업이 아닌 삶의 방식으로 생각하면, 여러 가지 불만족스런 조건에도 불구하고, 여성이 한다는 이중의 열등감에도 불구하고, 이 자리에 앉았기 때문에 볼 수 있는 것들이 새삼 눈에 들어온다. 이제는 이 자리가 얼마나 불편한지를 이야기할 것이 아니라, 이 자리에서 보이는 것들에 대해서 이야기해야겠다. 언젠가 나도 저자가 될지 모르나, 그때도 나의 것을 이야기하는 것이 아니라 이 자리에서 볼 수 있는 기막힌 혹은 기막히지 않은 전망에 대해서 이야기해야 할 것이다.

  지금까지 번역은 내게 파생성을 가르쳐 주었고, 원문에 '충실'하도록 훈련시켜 주었고, 저자의 의도를 뛰어넘지 않도록 가르쳐 주었다. 내가 번역한 책의 저자들은 나와 같은 인간이라는 면에서 다 같은 한계를 지니고 있었다. 그렇기에 그들의 책을 원문 삼아 번역하는 일은 때로 갑갑하기 이를 데 없었고, 갈라진 충성심 사이에서 지독히 고민하게 만들었다. 그러나 무한히 크신 인생의 원저자를 생각하면 나의 파생성과 충실함과 의도 안에 머물기는, 다른 차원의 의미를 얻는다. 게다가, 번역이라는 내 직업이 비록 글쓰기 면에서 운신의 폭이 매우 좁은 일이기는 하나, 삶의 방식으로서 훌륭한 유비가 된다고 생각하면, 그것 또한 새로운 시각이지 않겠는가!

2

고객 대우, 사람 대우

작년이었다. 지하철을 갈아타려고 승강장에 올라섰는데 안내 방송이 나왔다. 지하철이 연착하게 되었다며 '고객' 여러분께 죄송하다는 내용이었다. '고객'이라는 표현을 쓰는 방송 멘트를 그날 처음 들었는데, 무척 거슬렸다. 지하철을 타고 다니면서 내가 시민이면 시민이지 고객이라는 생각은 한 번도 해 본 적이 없었기 때문이다. 고객은 백화점이나 가게에서 물건을 사는 사람이다. 내가 돈을 내고 지하철을 타는 것은 상품이나 서비스를 구매하는 행위라기보다는, 이동의 자유를 가진 시민이 기본 경비를 내고 시설을 이용하는 행위이다.

고객이라는 말이 불편한 이유는 "고객님, 고객님" 하며 살갑게 부르는 사람들은 언제나 내 지갑을 노리기 때문이다. 말하자면, 이유 없이 친절하지 않다는 것이다. 또 한 가지 이유는, 그렇게 살갑게 부르는 사람들이 대개는 자발적이기보다는 '친절'이 업무 평가와 연관되어서 그렇게 한다는 사실 때문이다. 지금까지 살면서 이 나라 어디에서도 받지 못한 깍듯한 대접을 받은 경우는 백화점에서 돈을 쓸 때이다. 판매 사원은 실적과 인사 고과 때문에 친절이라는 가면을 쓰고 물건을 판다. 나는 그것을 알면서도, 그 친절을 통해 제대로 대접받지 못하고 산 것 같은 내 인생에 대해 약간의 위로를 받는다. 그들의 감정 노동을 모르는 바 아니지만, 그렇게라도 가끔은 특별한 사람의 대우를 받고 싶은 것이다. '고객 감동'을 내세우는 기업의 전략이 그러한 심리를 간파한 것인지도 모르겠다. "돈을 쓰는 사람만큼은, 최상의 인간 대접을 해 주어라. 감동을 주어라. 그러면 그는 계속 지갑을 연다." 이러한 대접은 인간이어서 받는 대접이 아니라, '돈을 쓰는' 인간이어서 받는 대접이다.

경기도로 이사 오고 나서 서울로 가는 지하철을 탈 때에도, 비슷한 인상을 받는다. 도시철도가 여러분의 삶을 응원한다는 홍보 카피며, 편안히 모시겠다는 방송 안내며, 시민의 기본 운송 수단이 굳이 내세우지 않아도 될 말을 내세운다. 삶을 응원하고, 편안히 모시겠다는 지하철이 파업을 하면 어떻게 되는가? 지하철을 이용하는 승객도 시민이고, 지하철 노동자도 시민이라면, 양측은 상반된 이해관계만을 가지지 않는다. 지하철이 파업을 하는 동안 승객은 자신의 교통 기본권이 침해당하지만, 자신도 임금노동자임을 생각하면 지하철 노동자의 근로조건에 대한 기본권 행사를 탓할 수만은 없다. 그러나 지하철 승객과 지하철 노동자의 관계가 고객과 판매 사원의 관계라면, 고객은 돈을 지불해 놓고도 원하는 상품을 구매하지 못한 행색이 된다. 아니, 아예 개찰구도 못 들어섰을 테니 고객이 돈 내고 사겠다는데 못 팔겠다고 하는 행색이다. 그런 상황에서 고객이 불쾌해 하는 것은 당연하다. '고객'이라는 단어 하나가 사람의 관계를 이렇게 바꾸어 놓는다.

고객에 대한 대우는 내는 돈만큼에 대한 대우이다. 돈을 낸 사람은 당당해진다. 내가 돈을 내고 행사하는 나의 권리를 상대방은 받아들여야 한다는 것이 암묵적인 규칙이다. 한국 사회의 위계적 인간관계는 여기에도 적용이 된다. 백화점 개점·폐점 시간에 직원들이 하는 90도 인사와 주차장 입구에서 하는 여직원의 공손한 인사, 고객에 '님'자까지 붙여 상전 모시듯 하는 태도는 우리 사회의 특이한 현상으로 보인다. 비행기 승무원과 추심원의 감정 노동을 연구한 앨리 러셀 혹실드의 책 《감정노동》을 보면 거짓 친절이 우리 사회에만 있는 현상은 아니지만, 그것이 나타나는 방식은 좀 유별스럽게 느껴진다. 물건을 파는 직원과 물건을 사러 온 소비자는 대등한 입장이 아니라, 상전과 종 같은 모양새이다. 평상시에 무시되는 개인에 대한 존중을, 돈을 쓰면서 받고 싶어 하는 것 같다. 한국 소비자의 특징이 할인마트에서 쇼핑하면서도 백화점과 같은 대우를 받기를 원하는 것이라는 글을 읽은 적이 있다. 위계적 인간관계가 남아 있는 사회에서 돈이 신분이 되고 나니, 돈을 쓰는 순간만큼은 '왕'이고 싶은 심리가 작용하는 것일까? 물론 그 말도 왕의 지갑을 노리는 사람들이 만들어 냈지만 말이다.

요즘엔 심지어 고객을 '사랑'한단다. 인격적 교류의 가장 깊은 차원의 말이 돈을 목적으로 하는 관계에서 아무렇지 않게 사용될 수 있다는 현실이 참 놀랍다. 기업의 이러한 서비스 정신에 자극을 받은 곳은 비단 공공 기관만이 아니다. 내가 사는 대야미역 앞에는 심심찮게 동네의 교회들이 나와 무료로 차를 나눠 준다. "차 한잔 마시고 가세요"라며 아예 쟁반에 받쳐 들고 친절하게 웃으며 지나가는 사람들에게 나눠 준다. 교회 이름이 적힌 띠를 두르고 나와 90도인사를 하며 "사랑합니다, 예수 믿으세요"라고 복창하는 교인들도 봤다. 산본 중심 상가에서는 네이버 검색창 그림에 "00교회, 아이스티 무료 제공"이라고 적힌 표지판을 들고 서 있는 사람도 봤다. 시민도, 교인도 고객이 되는 세상이다. 교회를 찾은 고객은 자신이 들이는 시간과 돈만큼의 만족을 얻으려 할 것이고, 교회를 운영하는 사람은 돈을 많이 내는 고객을 더 사랑할 것이다.

다른 어떤 곳보다 교회의 이런 현상은 사람에게 더욱 상처를 준다. 왜냐하면 아무런 대가 없이 선물로 받은 구원이 교회 공동체의 기초이기 때문이다. 교회는 다른 어떤 조건 없이 존재 자체로 용납받을 수 있다는 기대를 받는다. 교회마저 누구에게는 문턱이 높고 누구에게는 문턱이 낮다면 참 슬픈 일이 아닐 수 없다. 예전에 어느 기사에서 전태일 열사가, 부잣집에는 필요 없어도 자꾸 심방 가고 가난한 집에는 필요해도 심방을 꺼리는 목사를 비판했다는 이야기를 읽었는데, 정말 그 정도라면 슬픔을 넘어 분노해야 한다.

고객은 본질적 정체성이 아니다. 사람은 고객이어서가 아니라 사람이기 때문에 누릴 수 있는 기본권과 받아야 하는 기본 대우가 있다. 내가 받는 대우가 돈과 늘 연관이 있다면, 게다가 교회마저도 그렇다면 정말로 안타까운 노릇이다. 돈을 내기 때문에 받는 대우를, 더 많이 내기 때문에 받는 특별 대우를, 돈을 내지 않아도 인간이라면 기본적으로 받을 수 있는 사회에서 살고 싶다.

3   **현장, 현장, 현장**

고민에 대한 답을 찾기 위해 지금까지 읽었던 기독교 서적의 태반은 번역서이거나 영어 원서였다. 그 책들을 읽으면서 밑줄을 그었고, 노트에 적었고, 인용도 했다. 저자가 어떤 문화적, 사회적 맥락에서 말하는지는 크게 중요하지 않았고, 당시 내가 안고 있는 문제에 답을 주거나 영감을 주는 글이면 연신 고개를 끄덕이며 스펀지처럼 빨아들였다. 서구인의 현실과 사고의 틀을 통해서 소화된 기독교는 그런 식으로 내게 전수되었다.

물론 기독교 진리가 가지는 보편성과 영원성의 관점에서 보자면, 누가 어떠한 틀로 이해했건 거기에는 분명 진리가 담겨 있다. 그러나 번역을 하면서, 그리고 현실의 삶에 더 깊이 발을 내딛게 되면서, 나는 서구인의 현실에 기반을 두고 쓴 글에 한계를 느끼기 시작했다. 그 책에서 '우리'라고 할 때 그 '우리'에 내가 들어가지 않고, 문제로 지적하거나 예로 드는 현상들은 내가 지금 살고 있는 사회의 이야기가 아니라는 사실이 시간이 지날수록 더 첨예하게 다가왔다.

영성신학 5부작의 저자인 유진 피터슨이 자신의 저술에서 거듭 강조하는 기독교의 특징은 현장성, 인격성, 관계성이다. 우주를 초월하는 하나님과 진리는, 그것을 믿는 구체적인 사람들이 구체적인 현장에서 구체적인 이웃과 함께 살아 내야 비로소 입증된다. 그래서 현장이 중요하다. 기독교는 머리로 사는 것이 아니다. 말과 행동으로 산다. 하나님이 인격적이고 관계적이기 때문에, 하나님을 충실히 반영할 의무를 지닌 인간 또한 인격적이고 관계적이어야 한다. 하나님의 진리는 사랑으로 구현되므로 인격성과 관계성이 핵심일 수밖에 없다. 피터슨은 자신이 속한 현대 미국 문화 속에서 고민하고 성찰하면서, 미국식으로 왜곡된 기독교가 회복되는 길을 함께 찾아 가자고 독자에게 말을 건다. 물론 그가 염두에 두고 있는 독자는 일차적으로 미국인(혹은 캐나다인까지 포함한 북미인)이다.

번역서를 읽을 때의 함정은, 저자가 일차적 독자로 상정한 대상을 잊어버리고 지금 그 책을 읽고 있는 내가 저자가 염두에 둔 일차적 독자라고 착각하는 것이다. 번역서인 성경을 읽을 때도 마찬가지이다. 성경의 일차적 독자는 우리가 아니다. 그래서 성경을 해석할 때는 일차적 독자에게 전해졌을 맥락을 염두에 두고 해석한 후에, 우리에게 이차적으로 적용해야 한다. 일반 번역서도 마찬가지이다. 영어권 저자는 영어권 독자를 일차적으로 염두에 두고 글을 쓴다. 그런데 이 사실을 알면서도 실제로 적용하는 일은 쉽지 않다. 성경은 언어와 시대가 지금과는 너무 동떨어진 글이라 오히려 거리 두기가 쉬울 수 있다. 그러나 오늘날 번역되는 책들은, 우리가 살고 있는 혼합 문화의 특성상 어디까지가 공통의 문제이고 어디부터가 다르게 성찰해야 하는 문제인지, 혹은 문제는 같아도 해결 방법은 다른지를 구분하기 쉽지 않다.

일례로, 유진 피터슨의 영성신학 1부인 《현실, 하나님의 세계》에는 이런 문장이 나온다. "베이컨 굽는 냄새가 코를 자극하면 이제는 버터를 바른 토스트와 스크램블 에그 그리고 우리가 제일 좋아하는 자바 산 원두로 새로 내린 커피를 기대하기 시작한다."[4] 아침에 잠에서 깼을 때를 묘사한 문장인데, 한국인 저자라면 어떻게 썼을까? "보글보글 끓고 있는 구수한 된장찌개"라고 썼을까? 이것이 더 한국적인 맥락이라고 말할 수 있지만, 현실은 그렇게 단순하지 않다. 된장찌개 냄새에 미각이 자극되는 미국인은 드물어도, 커피나 토스트 냄새에 미각이 자극되는 한국인은 제법 많을 것이다. 아침 식사로 빵을 먹는 것은 우리에게는 정식 식사라기보다 "빵으로 때운다"는 표현이 말해 주는 것처럼 '간편한' 식사의 의미가 더 크긴 하지만, 이 간편한 식사를 반복하다 보면 어느덧 토스트와 커피 냄새도 우리의 미각을 자극하게 된다.

이처럼 우리 자신이 일차적 독자라고 생각할 수 있는 현실적 경험이 있다. 그래서 피터슨이, 교회가 기업의 전략을 가져왔고, 교인들을 종교 소비자로 대하고, 언어가 정보 전달의 수단으로 전락했다고 비판할 때, 우리는 충분히 공감할 수 있다. 그러나 이차적 독자인 우리는 거기에서 멈추면 안 된다. 표면적으로 비슷한 문제를 겪는 것 같아 보이지만, 그 문제를 겪는 당사자가 미국인이냐 한국인이냐에 따라서 그 맥락은 크게 달라지기 때문이다.

한국 교회도 기업의 전략을 가져왔지만, 그 기업은 한국 문화와 인간관계의 독특성을 지닌 한국 기업이다. 한국 언어도 정보 전달의 수단으로 전락했지만, 유교 문화의 영향으로 상당히 위계적이다. 이처럼 우리의 '현장'을 끊임없이 성찰하면서 번역서를 읽지 않으면, 좋은 서구 이론으로 무장만 할 뿐 현실에 변화를 가져오는 능력은 오히려 줄어들 수 있다.

조금 더 부연하자면, 서구사회의 개인주의를 비판하면서 인간은 관계적 존재라고 주장할 때 이를 흔히 적용하는 방식은, 우리 사회의 집단주의적 관계성을 강조하고 개인적 취향이나 견해가 드러나는 개인주의를 비판하는 것이다. 마치 우리에게 이미 있던 관계성을, 서구사회의 영향과 현대화가 개인주의를 몰고 와서 망친 듯이 말하며 전통적 가치를 옹호한다. 그러나 우리 사회의 관계성은 철저히 윗사람 중심이고, 나이든 직위든 서열을 따진다. 한편 윗사람에게든 아랫사람에게든 개인의 가치보다 집단의 가치가 우선한다. 그리고 모든 인간관계의 호칭이 상대와 나의 성별, 나이, 신분에 따라 정리되기 때문에 개인으로 설 자리가 없다. 우리는 자신을 지칭할 때도 '내가'라고 말하기보다 '선생님이' '엄마가' '목사님이' 등으로 지칭하는데, 특히 윗사람의 경우가 그렇다. 아랫사람은 그냥 '제가'로 다 통일된다. 서구사회가 회복하고자 하는 관계성을 우리 맥락에 적용하고 싶다면 기존의 우리 문화에 있는 관계성의 왜곡을 먼저 분석해야 한다. 그리고 어떤 면에서 우리 사회는 건강한 개인주의가 먼저 회복되어야 한다는 점이 내 개인적 견해이다.

조순경 교수는 〈한국 여성학 지식의 사회적 형성〉이라는 논문에서 이렇게 말한다. "서구(미국이 중심이 되는) 이론에 의존하는 것이 야기하는 문제 가운데 하나는 그 이론으로 인해 우리의 현실 인식이 제약을 받는다는 데에 있다."[5] 한국 교회도 마찬가지라고 생각한다. 당대 최고의 기독교 저자로 꼽히는 서구인들의 책을 번역하는 것도 나름 특권이며 소중한 작업이지만, 그들의 유명세에 가려 오히려 우리의 현실 인식 능력은 약해진다는 생각도 든다. 조순경 교수의 글을 조금 더 인용해 보겠다.

> 우리 여성의 현실과 경험의 상당 부분은 그것을 드러내고 분석하기 위해서 서구의 최첨단 이론이 필요하지 않을 수도 있다.…가족 내에서의 성별 권력 관계가 얼마나 불평등한지를 보기 위해 난해한 포스트모더니즘 논의를 들여오지 않아도 쉽게 알 수 있다. 서구의 이론이 새로운 상상력을 불러일으킬 수 있는 가능성은 있지만, 문제는 우리가…

탈근대 담론을 이해하기 위해 시간과 열정을 소비하는 순간 이러한 전근대적인 '적나라한 성차별 구조'는 우리의 시선에 들어오지 않게 된다는 데 있다.

한국 교회가 얼마나 몰상식적인 행동을 하는지, 교회 안의 인간관계가 얼마나 위계적이고 유교적인지, 성차별이 얼마나 심하며, 권력 다툼은 얼마나 심한지 등의 문제를 제대로 보기 위해서 우리에게 반드시 유진 피터슨, 필립 얀시, 존 스토트가 필요하지는 않다. 언어를 자유자재로 조합해 가며 자신의 모국어로 자신의 문제를 이야기하는 피터슨의 글을 어떻게든 가독성이 좋은 한국어로 번역해 보려고 낑낑댈 때마다, 우리말로 우리의 문제를 자유롭게 풀어가는 책들이 더 많이 쏟아져 나오기를 바라는 마음이 간절하다. 그것이 바로 우리의 현장에서 구현되는 기독교의 진리가 아니겠는가.

4

우리에게 필요한 '성장통'

언제 들었는지는 정확히 기억나지 않지만, 예수도 자기 성격대로 믿는다는 말이 있다. 예수를 믿어도 원래 가지고 있던 성격은 변하지 않는다는 뜻이다. "제 버릇 개 못 준다"라는 속담의 기독교적 변형 같다. 그런데 이 말이 참 슬프다. 얼마 전에 번역을 마친 책의 저자는 이렇게 말했다. "하나님은 나무나 돌이나 대리석으로 만든 형상이 필요 없다. 사람이 있기 때문이다."[6] 우리가 다 아는 사실이지만, 인간은 하나님을 반영하는 존재이다. 물론 우리는 죄인이기 때문에 하나님을 완벽하게 반영할 수는 없지만, 예수를 믿는 세월이 길어질수록 더 잘 반영할 수 있어야 한다.

그런데 예수를 믿는 세월이 길어질수록 종교적인 면만

강화되고 인격적인 깊이는 보기 힘든 경우가 있다. 종교적인 변명 기술만 느는 경우인데, 예를 들어, 계획성 없이 즉흥적으로 일하는 것을 하나님의 인도에 늘 열려 있다고 말한다. 주변 사람들을, 하나님이 자신의 필요를 채워 주시고 공급해 주시는 통로(도구)로 간주하기도 한다. 우리가 하나님이 아니고 예수님이 아닌 이상, 인간을 이해하기 위해서는 "아주 길고 애정을 꼭 동반하는 오랜 노력의 여정"(김진, 《그리스도인과 함께 나누고 싶은 이야기》)이 있어야 하건만, 신비로운 기도만으로 사람의 속사정을 알 수나 있는 것처럼 종교적 용어로 영적 권위를 행사하려 든다. 일이 잘못되거나 고통을 받는 원인이 자신에게 있을 수 있는데도, 하나님이 고난을 주신다고 말한다.

인간의 마음은 참으로 요상하여 착각을 실제인 듯 오해하게 하거나, 실제와는 다른 해석을 내리게 한다. 클리포드 윌리엄스는 《마음의 혁명》에서 인간의 마음이 단일성을 유지하기 어려운 요인들을 파헤치면서, 어떠한 착각 증세를 일으킬 수 있는지 등을 설명한다. 그는 이렇게 말한다.

> 이와 같이 성경은 우리에게 도덕적이고 종교적인 상태에 대한 회의를 품으라고 요구하고 있다.…이것은 우리가 체

험한 은혜가 혹시 착각을 불러일으키는 어떤 메커니즘에 의해 만들어진 공상적 은혜가 아닌가 하고 스스로에게 질문하는 것이다. 이것은 하나님의 은혜를 받아들였다고 느낀 우리의 감정이 혹시 자기 정당성, 거절에 대한 두려움, 자기 만족감 때문에 야기된 착각적인 감정은 아니었는지 이것을 엄밀히 살펴보는 것이다.[7]

지금까지 꽤 오랜 세월 동안 교회를 다녔지만, 이러한 '엄밀한' 성찰을 요구하는 교회는 아쉽게도 만나 보지 못했다. 어떠한 경험이든 '은혜'로 좋게 포장하기에 바쁘다. 일을 진행할 때 과정의 여러 모순을 해결하기보다는 큰 사고 없이 끝나기만 하면 '모든 것이 협력하여 선을 이뤘다'고 넘어가 버리고, 서로의 입장과 사건의 진위에 대해 차근차근 따지고 들면 '은혜롭지 못하다'라고 비난하는 것이 지금까지 내가 경험한 교회와 교회 내 관계이다. 다시 한번 윌리엄스의 말을 인용하자.

> 우리는 교회의 일원으로서 적절한 사람이 되기 위해 기독교적 언어를 완벽하게 사용하는 방법을 배워 왔는지 모른다. 하지만 그것만으로 기독교의 진리를 실제적인 차원에

서 능력 있게 표현하고 있다고 말할 수는 없다. 그럼에도 단지 기독교적 언어생활을 하는 것만으로 기독교의 진리를 실제적으로 능력 있게 표현하고 있다고 착각한다.[8]

나의 20대는 기독교적 언어를 부지런히 배우는 시기였다. 기독교 그룹에 속하기 위해서 그 안에서 용납하고 인정받는 언어를 익혔다. 그리고 착각적 은혜의 경험을 숱하게 했다. 그러한 경험들은 다시 기독교적 언어로 포장되었다. 내가 20대 초반에 다녔던 교회는 은사주의가 강했다. "하나님이 저한테 이런 말씀을 주셨어요"라는 말이 일상적이었고, 엄숙한 몸짓과 언어가 경건의 지표가 되는 교회였다. 복장도 그랬다. 긴치마에 긴머리가 여자들의 트레이드마크였다. 나는 그렇게 입지는 않았지만, 어느새 아침 큐티 중에 깨달은 내용을 "하나님이 오늘 이런 말씀을 주셨다"라고 말하고, 일상적 경험을 모두 거기에 끼워 맞춰 해석하고, 찬양할 때도 우아하게 팔을 들었다. 기가 막히게 기도에 응답을 받는 경우가 생겼고, 그것이 내가 하는 행위가 옳음을 확인해 주어, 내 행위는 더 강화되었다.

그러나 현실과 겉도는 종교는 언젠가는 실체가 드러나기 마련이다. 속된 말로 약발 기간이라고 하는데, 대학생 시절의 단순한 생활에서 벗어나 사회로 진출하고 결혼 생활을 하면서, 내가 익힌 종교적 언어나 해석이 더 이상 현실을 설명하지 못한다는 사실을 깨닫기 시작했다. 매우 강렬한 체험이라고 생각했던 것들이 실질적인 인간관계나 생활의 여러 문제 앞에서 이상하게 무력했다. 큐티 할 때 감동받은 말씀은 하나님이 내게 주시는 말씀이 아니라 기분 따라 그렇게 해석했던 것임을, 상황이 우연히 맞은 것을 하나님의 뜻이라고 해석했음을 차차 깨달았다.

그러한 깨달음의 발단은, 대학 생활 말에 짧게 했던 연애 경험이었다. 선교 훈련을 받던 그때에 뜻하지 않게 누군가를 만났다. 몇 가지 상황이 그 사람과 나를 기가 막히게 연결해 주었고, 선교 헌신자라는 그 사람과의 만남을 전부 하나님의 뜻으로 받아들였다. 그래서 어이없는 싸움 끝에 상대가 헤어지자고 했을 때 나는 큰 혼란에 빠졌다. 하나님의 뜻이면 그렇게 끝나서는 안 됐기 때문이다. 그 일 이후로 나는 조금씩 내가 익혔던 종교적 언어와 습성의 문제를 깨닫기 시작했다.

30대는 다소 혼란의 시기일 수밖에 없었다. 대학교 졸업 후 잠시 직장 생활을 하다가 라브리에서 기독교 세계관으로 무장하여 20대의 잘못된 종교적 체험의 문제들을 해결하려고 했지만, 시간이 지날수록 여기저기서 삐져나오는 현실 때문에 완전하진 못했다. 남편의 오랜 자발적 실직 기간과 뒤늦은 공부로 나는 10년이 넘게 생계를 위해 일해야 했고, 두 번의 유산과 한 번의 사산과 함께 나의 30대도 끝났다. 그리고 40대 초입에서 나는 약 2년에 걸쳐 상담을 받았다. 살면서 경험하는, 참으로 이해하기 힘든 많은 문제를 손쉬운 종교적 변명으로 포장하지 않기 위해서, 착각적 은혜의 경험을 조장하지 않기 위해서, 그러면서도 쉽게 판단하거나 비판하지 않기 위해서 내게 꼭 필요한 과정이었다.

스캇 펙은 《우리가 바꿔야 할 세상》에서 불필요한 고통과 치료를 위해 필수적으로 겪게 되는 고통을 구분한다. 현재의 세상에서 은혜는, 고통이 없는 상태가 아니다. 만사형통한 것, 무조건 덮어 주는 것이 은혜가 아니다. 만약 은혜가 그렇다면, 우리에게 성화를 요구하는 교리가 설 자리가 없게 된다. 예수님은 사람의 관계 사이에 화평이 아니라 검을 주러 왔다고 하셨다(마 10:34). 이 말씀에 다른 의미도 있겠지만, 성장을 위해서는 날카로운 분석과 구분의 칼이 필요하다는 뜻으로 나는 이해한다. C. S. 루이스는 《천국과 지옥의 이혼》 서문에서, 모든 길이 결국에는 다 만나는 것이 아니라, 가다 보면 계속해서 갈림길이 나오고 그 앞에서 우리는 선택을 해야 한다고 말한다. 한국 사람의 정서상 받아들이기 힘든 진리 같다. 우리는 나와 너를 구분하면서도 여전히 서로가 공존하는 길을 알지 못한다. 경계 없이 하나이거나, 남남 혹은 원수이거나, 둘 중 하나이다. 우리는 정중하게 문제를 제기하고 그 문제를 극복해 가는 방법을 훈련받지 못했다. 그래서 우리는 좋은 게 좋은 거라고, 허물을 덮어 주는 것이 사랑이고 관용이라고 생각한다. 이것이 우리 사회의 착각적 은혜 중 하나이다.

〈씨네21〉에서 흥미로운 기사를 봤다. 정호현 감독이 자신과 쿠바인의 사랑을 다큐멘터리로 만든 〈쿠바의 연인〉 개봉을 앞두고 한 인터뷰였다. 기사에서 정 감독의 쿠바인 남편 오리엘비스는 이렇게 말한다. "한국 사람들은 자기 물건이 상하면 굉장히 신경질을 내지만 관계가 깨지는 것에 대해선 별로 마음 아파하는 것 같지 않아요." 글쎄, 마음 아파하지 않는 것이 아니라 각자 말 못하고 속으로 끙끙대다가 돌아설 수 없는 지점에서 감정적으로 폭발하고는 서로 등져 버리는 것이 아닐까. 시시비비를 가리며 차근차근 관계를 풀어 가지 못하고, 교회에 안 다니는 사람들은 술로, 교회에 다니는 사람들은 감정적 카타르시스를 조장하는 집회나 모임으로, 억압된 감정의 환기를 한바탕 경험하고 문제는 그대로 둔 채 넘어간다. 그렇기 때문에 비슷한 상황이 닥치면 같은 문제가 또 발생한다. 이번에는 조금 더 강도 높은 감정적 경험을 해야 한다. 지난번 정도의 감정적 강도로는 해결되지 않기 때문이다. 이러한 과정을 통해 착각적 은혜의 경험은 강화된다. 교회 안에서 일어나는 문제들을 이런 식으로 해결하는 경우를 누구나 한 번쯤은 경험해 봤을 것이다. 스캇 펙은 이렇게 말한다.

> 정신 치료는 삶의 고통스런 문제들을 직시할 수 있도록 방어기제들을 없애 가는 과정이다.…의식의 범위가 확대되면서 더 건강해지고, '구원에도 더 가까워지며' 보다 성숙해지겠지만, 그에 따른 고통 역시 커진다. 나이 들어 가는 과정을 보다 잘 인식할 수 있게 되고, 자신의 죄와 정신적인 문제의 원인에 대해서도 더 잘 알게 될 것이다. 뿐만 아니라, 다른 사람들의 정신적인 상태에 대해서도 그들이 어떤 태도를 취하든 대략 이해할 수 있게 된다.[9]

오늘날 우리에게 주시는 하나님의 은혜는 고통 없는 마취제가 아니라, 고통을 직면할 수 있게 해 주는 은혜이다. 그 은혜가 없다면 우리는 고통을 직면하기 힘들다. 이 날카로운 성찰의 칼을, 지도자들이, 권력의 자리에 있는 사람들이 먼저 자신에게 들이대 주면 좋겠다. 사회적 약자들은 이미 강자 앞에서 자신을 살필 수밖에 없는 위치에 있기 때문이다. 약자들에게 나타나는 왜곡도 있음을 부인하지는 않지만, 이상하게도 이러한 글에 더 잘 반응하는 사람은 성찰이 절실하기보다는 이미 성찰의 길에 들어선 사람들이다.

5

어디에 서서 세상을 보는가

그리스도인의 삶과 관련하여 지금까지 내가 교회에서 배운 내용을, 지나친 단순화라는 비판을 감수하고 아주 거칠게 표현하자면, 그리스도인이 되기는 쉬운데 그리스도인으로 살기는 어렵다는 것이다. 은혜는 '값없이' 누구에게나 주어지고, 우리는 빈손으로 받기만 하면 된다. 그런데 그것을 받고 나니 눈앞에 두 돌판이 버티고 있다. 물론 율법으로 구원받는 것은 아니다. 사도 바울께서 말씀하지 않으셨던가. 헬라인이나 히브리인이나 다 은혜로 구원받는다고.

하지만 거듭난 사람에게는 그에 합당한 삶을 살라는 요구가 있고, 우리는 남은 평생을 그 '합당함'에 부합하고자 노력한다. 사람은 하루아침에 달라질 수 없기 때문에 기나

긴 성화의 과정을 평생 동안 계속한다. C. S. 루이스는 심지어 그 성화가 하나님나라에서도 계속된다고, 《나니아 연대기》의 마지막 편에서 은유적으로 말했다. 기독교인도 다른 모든 사람과 마찬가지로 계속되는 과정 중에 있는 사람이다. 그렇기 때문에 절대적 기준으로 봤을 때 지금 내가 선 지점보다는 처음 나의 출발점이 어디였는지가 중요하다. 루이스는 《순전한 기독교》에서 저런 사람이 예수 믿는 사람이냐는 소리를 듣는 사람도, 그가 예수를 믿기 전에는 어땠는지 모르고 어쩌면 지금이 그때보다는 더 좋아졌을 수도 있으니 함부로 말할 일이 아니라고 했다. 사람은 살아온 배경과 타고난 기질이 다르기 때문에 획일적으로 개인을 바라볼 수는 없는 것이다.

개인이 그러할진대 개인이 바라보는 세상은 또 얼마나 제각각일까. 자신이 살아온 환경과 경험에 따라서 사람은 제각각의 인생관을 가지게 되고 그것을 다소 비하하여 '내 나름의 개똥철학'이라고도 표현한다. 그러나 이러한 개인의 인생관은 사적인 견해일 뿐 공적인 지식으로 인정받지 못한다. 흔히 학문에서 요구하는 객관성은 사사로운 이해관계와 감정을 떠나서, 누구나 보편타당하게 인정할 수 있는 지식 혹은 진리의 조건이다. 거기에는, 세상을 바라보는 관찰자는 관찰 대상과 엄밀하게 거리를 유지할 수 있고, 사적인 견해나 감정, 경험 등이 들어가 있지 않은 순수한 관찰을 할 수 있다는 전제가 깔려 있다.

오랫동안 여성이 학문 세계에서 배제되었던 이유 중 하나가 지성에 약하고 감정에 강하다는 편견 때문이었다. 감정에 휘둘리면 객관성을 유지하기 힘들다는 것이다. 그래서 여성 운동 초기의 과제는 여성도 남성만큼 이성적임을 증명하는 것이었다. 하지만 시간이 지나면서 그 기준 자체에 의문이 제기되기 시작했다. 그 기준을 제시한 남성도 과연 객관적일 수 있느냐는 도전이 제기되었다. 자라 온 환경, 현재의 사회적 지위, 성별, 계급 등과 무관하게 마치 진공 상태에 있는 것처럼 완전하게 객관적일 수 있는 사람은 없기 때문이다. 과연 그러한 객관성이 더 나은 지식을 얻느냐 하는 문제도 제기되었다. 공감을 통해서 오히려 더 정확하고 나은 지식이 나오기도 한다는 것이다. 특히 의료, 사회복지, 교육과 같은 분야는 소통과 공감을 통해 더 나은 지식에 도달하고 그 결과 더 나은 정책들이 나올 수 있다. 기존의 객관성에 대한 회의와 더 나은 객관성에 도달하려는 이후의 노력은, 좀 더 포괄적인 지식에 도달하려는 의지와 다양성에 대한 존중으로 발전했다. 하나의 지배적 견해만이 보편타당한 관점이 되어 세상을 지배하던 시대가 지나간 것이다.

세상은 보는 관점과 내가 서 있는 지점에 따라 다르게 보인다. 차 안에 있으면 수시로 차 앞을 지나다니는 행인들이 못마땅한데, 내가 행인이 되면 아무 골목이고 들이미는 자동차가 못마땅하다. 팔, 다리 건강한 사람이 홀몸으로 다닐 때는 대중교통이 불편하지 않은데, 휠체어를 탄 장애인이나 유모차를 밀고 다니는 엄마들은 대중교통으로 어디 한번 가려고 하면 산 넘어 산이다. 내가 청년일 때는 못마땅한 어른들이 많았는데, 나이가 들어 보니 잘 늙는다는 게 생각보다 힘들다. 보리차가 일상적 음료였던 나에게 그 노란색의 물은 구수함을 연상시키지만, 그런 것을 처음 본 영국 아이들은 오줌이냐고 묻는다. 누구는 치즈 고린내가 역하고 다른 누구는 된장 냄새가 역하다. 이러한 제각각의 사람에게 하나의 지식, 하나의 기준만 강요할 때 우리는 그것이 누구의 지식과 기준이냐고 물어야 한다. 교회가 특정 집단의 사람만 모이는 곳도 아니고 특정 집단만을 대변하는 곳도 아니지만, 약자의 편에 설 것을 요청받는 이유는 사회적 약자의 지식과 입장은 대변되지 못하고, 힘센 사람, 목소리 큰 사람, 가진 사람의 입장만 대변되는 불균형의 추를 바로잡는 데에 기여하는 것이 곧 하나님의 정의를 이 땅에 실현하는 길이라는 믿음 때문이다.

예수님이 이 땅에 오셨을 때 하나님의 의를 실현하고자 노력하는 여러 그룹이 있었다. 헤롯의 정치권력에 대항하는 바리새파가 있었고, 가야바의 종교권력에 저항한 에세네파가 있었고, 타고난 카리스마로 시대를 이용하는 요세푸스와 같은 사람에 맞서 하나님의 대의를 위해 목숨을 거는 열심당이 있었다. 그런데 예수님은 그 어느 그룹과도 함께하지 않고 예수님 자신의 길을 가셨다.[10] 예수님은 과연 어디에 서서 세상을 보셨을까? 빌립보서에서는 예수님이 "근본 하나님의 본체시나 하나님과 동등됨을 취할 것으로 여기지 아니하시고 오히려 자기를 비워 종의 형체를 가지사 사람들과 같이 되셨고"(2:6-7)라고 말한다. 이는 곧 예수님이 하나님의 전지적, 보편적 관점을 포기하셨다는 뜻일까? "예수님의 방식은 육체를 입고 있고, 피와 살이 있으며, 관계적이고, 개별적이고, 구체적 현장이 있다."[11] 하나님의 진리는 절대적일지 모르나, 사람이 그것을 접하고 인식하는 방식은 부분적이고 파편적이다. 자신의 물리적 맥락을 초월해서 존재하는 사람은 없기 때문이다. 사람은 전지적일 수 없다. 그래서 피터슨은 진리의 문제를 계속해서 삶의 문제로 회귀시킨다. "예수님의 길은 우리가 예수님의 진리를 실천하고 이해하는 방식이다. 가정과 일터에서 친구와 가족과 함께 예수님의 방식을 살아 내면서 우리는 예수님의 진리를 실천하고 이해하게 된다."[12]

길이라는 은유에 대해서 생각해 본다. 길은 계속해서 가는 것이기 때문에 어느 한 곳에 고정된 시야를 가질 수 없다. 가다 보면 풍경이 바뀌고, 지형이 바뀌고, 그늘이었다가 땡볕이 되기도 하고, 비가 오고 바람이 불기도 하고, 여러 갈래 길에서 하나를 선택해야 하기도 한다. 주님의 방법(way, 길)에 대한 영성은 "정확한 범주를 만들 수 없으며, 공식으로 굳어진 개념 정의나 규정으로 고정할 수 없다. 그 길을 가면서 오직 기도와 실습을 통해서만 해결할 수 있는 모호함이 있기 때문이다"[13]라고 피터슨은 말한다. 그리고 "예수님의 길은 강요할 수도 없고 지도로 그릴 수도 없다. 예수님의 길은, 때로는 이상하고 낯선 영역으로 우리를 인도하시는 예수님을 적극적으로 따르라고 요구한다. 그리고 머뭇거림과 질문 속에서만 분명해지는 상황들, 동료와 함께 그리고 예수님과 함께 기도에 젖은 대화를 나누는 잠깐의 멈춤과 성찰 속에서만 분명해지는 상황들에 적극 동참하라고 요구한다."[14]

예수님의 행적을 보면 어딘가로 가던 중에 일어나는 일들이 많다. 심지어 누가는 열 장에 걸쳐 '여행 내러티브'를 기록했다. 예수님이 '길'을 가시면서 만난 사람들과의 이야기가 담긴 부분이다.[15] 예수님은 하나님이시기 때문에 어디에서든 고정된 관점을 가지셨을 거라고 나는 거의 무의식적으로 생각했었다. 하지만 한 지점에 계시지 않고 갈릴리와 유대를 두루 다니시며 하나님나라를 전파하신 예수님이 신이면서 진정 인간이셨다면, 자신이 보는 것과 상호작용을 하지 않을 수 없으셨을 것 같다. 딱히 누구의 입장도 누구의 편도 든다고 할 수 없어 애를 태웠던, 그 당시에 하나님의 의를 추구하던 이스라엘의 저항 그룹들은 이해하기 힘들겠지만, 예수님은 그냥 예수님의 길, 즉 자신의 길을 가셨다.

주님의 길에 대한 영성에서 유독 마음에 들어오는 표현이 '고정할 수 없는' '모호함' '머뭇거림과 질문'이다. 내가 예수님을 따르는 사람이라면, 그 길의 어디에 서 있느냐에 따라 관점은 달라질 것이고, 그 모호함 속에서 머뭇거리며 질문할 것이다. 그러니 길을 가다 보면 시시각각 풍경이 변하듯 상황과 처지에 따라 달라지는 생각을 너무 두려워하지 말아야 할 것 같다. 주님의 길이 "공식으로 굳어진 개념의 정의나 규정으로 고정할 수 없는 것"이라면, 수정하며 가는 것이 맞지 않겠는가. 중요한 것은 그 길을 꾸준히 가고 있다는 사실이다. 각자 자신이 선 자리에서 예수님을 따르는 사람들을 획일적 기준으로 바라볼 수는 없다. 그러니 은혜는 오직 예수님을 통해 받아도 성화의 모양새는 다양하다. 그리고 예수님이 길 위에서 만난 사람도 참 다양했으니, 우리의 다양성이 하나님을 놀라게 하지는 않을 것이다.

6

참으로 인간적인 교회

나의 글 곳곳에서 교회에 대한 비판이 나오는 게 마음이 편치는 않다. 교회의 가르침은 인간 자체를 성숙시키기보다는 종교적 인간을 만들어 내는 경향이 있기 때문에, 그 한계에 갇혀서 고생을 했지만, 그래도 언제나 내게 든든한 울타리가 되어 주었던 게 교회다. 그리고 교회에서는 대체로 좋은 사람들을 만났다. 지금도 내 주변의 가까운 사람들은 이렇게 저렇게 교회와 연관이 있다. 따지고 보면 딱히 누구를 겨냥했다고 할 수 없는 비판이다. 사람이 예수 믿었다고 하루아침에 달라지지 않는 것처럼, 자신이 속한 사회와 문화를 초월해서 존재하는 교회는 없기 때문이다. 어쩌면 내가 비판한 지점들은 우리 문화였는지도 모른다.

문화든 교회든 비판을 한 이유는, 내 인생의 고달픔 때문이다. 날 때부터 사람의 귀천이 있던 신분제 사회를 지나 개인의 기본권과 인권에 대한 인식이 자리 잡은 이후로 사람들은 그 권리를 지키고 증진하기 위해서 싸웠다. 나만이 아닌 나와 대등한 다른 사람도 같은 권리를 누리기를 바라며 인류애를 발휘했다. 하지만 민주주의 사회라고 하고, 누구에게나 일정 나이가 되면 똑같이 한 표가 주어지는 평등 사회라고 해도, 사실 세상은 평등하지 않고 누구나 크고 작은 차별을 경험한다는 것을 우리는 안다. (여성, 장애인, 가난, 유색인, 어린이, 고아, 동성애자, 국적, 나이 등 차별의 이유는 많다.) 나는 고학력자이고 신체 건강하지만, 여성이라는 이유로 인생이 고달팠다. 그 고달픔에 교회가 기여한 바가 적지 않아 교회의 가르침을 비판했다.

자기 문화의 한계를 뛰어넘지 못함을 인정하면서도 유독 교회를 비판한 이유는 교회가 경전으로 삼는 성경이 표방하는 바 때문이다. 성경에서 말하는 구원을 보통 종말론적 차원에서 사후와 연관시켜 말하지만, 사실 구원은 여러 차원에서 경험한다. 나를 곤경에서 구해 준 사람에게 "네가 내 구세주다"라는 말을 쓰지 않는가. 이처럼 잠깐의 다급한 상황에서 벗어나는 것도 구원이다. 다만 성경에서 말하는 구원은 그보다 훨씬 더 크고, 포괄적이고, 궁극적이다. 너무 커서 잘 가늠이 되지 않아 쉽게 '예수 믿으면 구원받는다, 죽어서 천당 간다'로 도식화되었는지 모른다. 어쨌거나 협소한 구원론에 유교적 인간관계에 준하는 윤리적 해석을 덧붙여 놓으니 교회의 가르침이 적잖이 답답했다.

그러나 나도 교회에서 자랐고, 나의 생각을 지지해 주는 사람도 교회에서 만났다. 우리가 아무리 한국 사회를 비판해도 대부분이 자기 자리를 지키며 사는 것처럼, 이 안에 가족도 있고 친구도 있는 것처럼, 교회도 마찬가지이다. "절이 싫으면 중이 떠나야지" 하는 말처럼 정 못 견디면 떠나고, 아니면 그 안에서 더 좋은 곳으로 만들기 위해 애쓰며 살아간다. 때로는 대안이 없어서 남기도 하고, 개인의 삶과 그 집단이 뗄 수 없을 만큼 밀접한 관계여서 남기도 하고, 가족이나 친구 때문에 남기도 한다. 교회를 옮기는 것이 아니라 떠날 정도라면, 이러한 사회적인 이유만이 아니라 개인의 구원관과 신앙에도 변화가 따를 것이다. 예수는 믿지만 특정 교회에 적을 두지 않거나, 아니면 아예 교회 출석을 하지 않는 사람들이 늘었다는 말을 들었다. 교회 이야기하며 자꾸 불교의 표현을 써서 그렇지만, 절이 싫은 중이 늘고 있는 것이다.

교회를 이탈하는 사람이 늘수록 교회는 사람들을 붙잡아 두기 위해 고심한다. 여러 프로그램도 만들고, 찾아오는 사람들의 편의를 봐줄 수 있는 방안들을 마련하지만 그나마 자원이 있는 교회나 가능한 이야기이고, 교회를 떠나는 사람들이 다른 종교로 쇼핑을 간 경우에나 효과를 볼 수 있는 대안이다. 내게 좀 더 편리하고 유익한 종교를 찾는 것이 종교 쇼핑을 하는 사람의 심리이기 때문이다. 하지만 교회로부터 상처를 받아서 혹은 교회가 교회답지 않아서 깊이 실망해서 떠나는 사람들을 붙잡기에는 역부족인 대안들이다. 그래서 개혁이라는 자성의 목소리가 일기도 하고, 또 실망하거나 상처 입은 당사자들이 개혁을 외치며 스스로 나서기도 한다. 내가 글을 통해서 하는 일은 후자의 아주 소극적인 방식이 아닐까 싶다.

나는 교회에 대해서 생각할 때 역설적으로 인간에 대해 더 많이 생각한다. 사실 하나님은 너무 추상적이고 예수님도 좀 감이 멀다. 가장 가까이에서 접하는 교인들과 목사님이 내게는 기독교를 재현해 주는 사람들이다. 종교를 믿는 사람들이 보여 주는 그것이 내게는 바로 종교의 실체이다. 그 너머의 것이 없다는 게 아니라, 내 경험으로 알 수 있는 한계가 거기이기 때문이다. 물론 믿음이 경험에서만 비롯되는 것은 아니고, 성경에서도 믿음은 "바라는 것들의 실상이요 보이지 않는 것들의 증거"(히 11:1)라고 하지만, 한편으로 "어떤 사람은 말하기를 너는 믿음이 있고 나는 행함이 있으니 행함이 없는 네 믿음을 내게 보이라 나는 행함으로 내 믿음을 네게 보이리라 하리라"(약 2:18)라는 말씀도 있다. 이는 인간이 가진 물질성, 육체성으로서 사람이 무엇을 믿든 자신의 행실을 통해 나타나기 마련이라는 뜻이다. 저 너머에 있는 무엇을 상상하는 것은 지금의 경험을 매개로 할 수밖에 없다. 그래서 나는 교회에 대해 생각할 때 인간을 생각한다. 하나님의 교회라고는 하지만 결국 사람이 모인 곳이다. 그들이 모여 하나님을 예배한다. 아마도 이 점이 교회의 신비로움일 것이다. 육체를 가진 인간, 각양각색의 모습을 가진 인간, 결코 완벽하다고 할 수 없는 인간들이 모여서, 자신의 현재 모습을 부정하지 않으면서 전능하신 초월자를 예배하는 것 말이다. 하나님이 창조를 통해 그리고 예수님을 통해 인간성을 긍정하셨기 때문에 가능한 일이다.

흔히 '인간적'이라고 할 때 그 의미는 이중적이다. 사람 냄새난다는 긍정적인 면모를 일컬을 때도 '인간적'이라고 하고, 사람이니까 실수한다는 부정적인 면모를 일컬을 때도 '인간적'이라고 한다. 천자의 경우는 흔히 인간의 육체성에 대한 긍정의 표현으로 작용하는데, 옛날에 선생님은 화장실도 안 가는 줄 알았다는 표현에서 그런 의미를 엿볼 수 있다. 우월한 존재가 자신과 같은 욕망과 욕구를 가진 것을 볼 때, 우리는 동질감을 느끼며 인간적이라고 한다. 그러한 욕망과 욕구가 제대로 관리되지 못하고 선을 넘을 때 부정적인 의미의 인간적이라는 표현이 따라붙는다. 만약 존경하는 사람이나 지도자, 자신이 믿었던 사람이 그런 행동을 한다면 동질감보다는 실망이 더 크게 작용한다. 일반적으로 교회는 후자의 인간적 실수를 통제하려다가 전자의 인간적 육체성마저 부인하게 되는 게 아닌가 싶다. 예를 들어, 성적인 죄를 통제하려다가 성을 부정적으로 여기거나, 식탐을 통제하려다가 맛있는 음식을 좋아하는 것 자체를 부정적으로 보는 것처럼 말이다. 게다가 영혼과 육체를 분리해서 육체는 열등한 것, 이 세상에 있는 동안만 지니고 있는 필요악의 것으로 보아 온 역사가 길기 때문에 이러한 입장은 쉽게 지지를 받는다.

내가 참으로 인간적인 교회라고 할 때의 의미는, 인간적인 것의 부정적인 측면, 즉 욕망을 통제하지 못하고 일어나는 실수들에 대해서 마냥 관대해야 한다는 뜻이 아니다.

모 교회 목사의 성범죄로 한창 시끄러운 사건처럼 특정인에 대한 지나친 관대함이 오히려 현재 한국 교회의 문제이다. 인간적인 교회의 진정한 의미는, 인간을 참으로 인간 되게 하는 교회다. 구원의 궁극적인 목적이 인간성의 파괴가 아니라 인간성을 구원해서 더 아름답게 만드는 것이기 때문이다.

이단을 판단할 때, 요한이 '적그리스도'라는 표현을 쓰면서 몇 가지 기준을 제시한(요일 2:22; 4:3; 요이 1:7) 것처럼 교리적인 차원이 중요하게 작용하지만, 이단은 비인간적인 특성 또한 보여 준다. 가장 큰 특징은 한 번 빠지면 나오기 힘든, 즉 강제적 유사 가족의 성격을 가지면서 자율성을 파괴하고, 스스로 생각하고 판단하는 능력을 억압하고, 하나의 절대 지도자나 집단에 맹목적으로 순종하게 만드는 노예화이다. 지금의 교회가 아무리 실망스러운 모습을 보여 준다 하더라도, 비판이 있다는 사실은 사람을 노예화하지 않았다는 증거이고, 그만큼 건강하다는 의미이다. 그래서 비판과 자성의 기능을 상실했을 때, 사람들은 더 심각한 위기를 느낀다.

성숙한 그리스도인이 되는 것에 대한 대화인 《부활을 살라》에서 피터슨은 교회에 대해 중요한 점을 몇 가지 지적한다. 우선은 "교회라는 복합적인 환경 속에서 우리는 그리스도 안에서 자라며 성숙해진다.…그러나 교회는 힘든 곳이다."[16] "분명 교회는, 누구나 한 번 보고 '어떻게 하면 들어갈 수 있나요?'라고 묻는 이상적 공동체가 아니다. 분명 교회는, 이 세상의 모든 잘못을 바로잡는 일에 별 진전을 이루지 못하고 있다."[17] 그래서 "교회의 모습을 전부 이해하고 받아들이려면 꾸준한 노력과 의지적인 상상력이 필요하다."[18] 그는 의지적인 상상력을 위해 '눈에 보이지 않는 교회'를 설명하기에 앞서 이렇게 말한다. "나는 지금 우리가 가지고 있는 것, 현재 교회의 모습을 보면서 묻고 싶다. 하나님이 교회를 만들 때 의도하신 것이 바로 이런 것이었다고 생각하지 않느냐고. 어쩌면 지금 이 순간의 교회의 모습이, 그 안의 동료들이, 그리스도 안에서 자라고 성숙해지고 그리스도의 장성한 분량에까지 이르기에 딱 맞는 조건인지도 모른다. 우리에게 교회를, 이런 교회를 주신 하나님은 나름 의도가 있으신 것 아닐까."[19]

교회는 힘든 곳이라는 애초의 지적에서 이러한 결론을 이끌어 내는 저자가 특별히 긍정의 힘을 믿는 사람이거나, 단순한 낙관주의자라고 생각하지 않는다. 아마도 그가 말하는 '의지적 상상력'의 결과이고, 힘든 곳에서도 성장을 이루어 낼 수 있는 인간의 역량에 대한 신뢰가 아닐까. 그러니까 하나님이 자기 형상에 따라 만든 인간은, 하나님의 의도대로 성장하기만 한다면 그 정도의 역량을 지닌 존재인 것이다.

그래서 참으로 인간적인 교회는 이러한 인간의 역량이 그리스도의 장성한 분량에까지 자라게 하는 교회, 현재 자신에게 주어진 삶의 자리가 무엇이든 모든 한계와 혜택과 조건 안에서 성장의 길을 갈 수 있도록 서로 존중해 주는 교회가 아닐까 한다. 각 사람의 개성만큼 성장의 모습도 다양할 것이다. 손바닥만 한 자리일지언정 인간의 존엄성과 책임감을 잃지 않고 자기 인생에 주어진 몫만큼 해 내려고 노력하고, 다른 사람도 그렇게 할 수 있도록 구조적으로 개인적으로 돕는 것, 그러한 역량을 갖춘 인간이 되는 것, 무엇보다 인간으로 사는 것을 즐거워하는 것, 이 모든 것이 내가 생각하는 성숙한 인간의 모습이다. 예수님이 약속하신 풍성한 삶이란 곧 인간이 누릴 수 있는 지극한 기쁨을 말하는 것 아닐까. 하지만 그 길은 쉽지 않다. 그 쉽지 않은 인생길을 가는 사람들에게 교회가 협소한 도덕적 잣대와 종교적 책무만 들이대며 낙타의 허리를 부러지게 하는 마지막 짐만은 얹지 않는 인간애를 발휘하기를, 그 인간애의 대상에 차별이 없기를 간절히 바란다.

에필로그

나 자신이 내 인생의
답이 되는 것

남의 시간은 빨리 간다는 생각을 한다. 오랜만에 만난 지인의 아이가 부쩍 자랐을 때, 저렇게 키우기까지 엄마는 얼마나 긴 시간을 보냈을까마는, 그 모든 과정을 생략하고 보는 나로서는 시간이 참 잘 간다고 느껴진다. 군대 간 지가 엊그제 같은데 곧 제대한다는 누군가의 소식도 마찬가지이다. 그러나 돌아보면 나의 시간 또한 빨리 감을 인정할 수밖에 없다. 현재를 지나고 있을 때 시간은 느리지만, 지나고 보면 언제나 빠르다. 그래서 그리스 신화에 나오는 카이로스의 뒤통수에는 머리가 없나 보다. 물론 일상의 시간은 카이로스보다 크로노스일 때가 많지만, 지나면 그만이라는 점은 마찬가지 같다.

3년 전 월간지의 고정 필진이 되어 글을 쓰기 시작할 무렵, 나는 기나긴 터널을 막 지나온 참이었다. 비로소 세상으로 나와 사람들을 만나고 대화하기 시작한 시점이었다. 직업이 번역이니 굳이 나가서 사람을 만날 일이 없었고, 아이가 어릴 때는 더군다나 사람 만나기가 쉽지 않았다. 결혼하고 남편의 벌이만으로 살아 본 적이 없으니, 아이가 태어나기 전에는 가사와 번역으로, 아이가 태어난 후에는 가사, 육아, 번역으로 하루 종일을 보내며 집을 벗어나기 힘들었다. 그러면서 나의 세계는 점점 더 좁아졌다. 가끔씩 사람들을 만나면 대화의 감이 떨어져 사회성에 문제가 생긴 것 같은 불안을 느끼기도 했다. 게다가 목사의 아내로 살면서, 해야 할 말과 해서는 안 되는 말을 가리게 되니, 어디에서 누굴 만나든 자동적으로 자기 검열 장치가 작동했다. 이런 내가 생각을 가감 없이 펼치는 글을 공개된 지면에 정기적으로 쓰게 된 일은 나름 사건이라면 사건이었다.

3년 전 그때에, 나는 둘째 아이를 잃은 충격에서 여전히 벗어나지 못했고, 큰아이는 학교에 입학하기 전이었으며, 남편은 새 부임지에서 사역을 시작하려 했고, 지금 사는 이곳으로 막 이사를 한 참이었다. 그리고 3년이 흘렀다. 그 세월 동안 큰아이는 훌쩍 자랐고, 둘째 아이는 내 가슴에 묻했다가 가끔씩 울컥하는 눈물과 함께 의식의 표면으로 올라오며, 이사하고 얼마 후 집에 들인 강아지는 놀라운 크기로 커서 지금은 거의 가족이 되었다(아들은 당연히 강아지를 가족이라고 생각하지만, 개와 사람은 엄연히 달라야 한다고 생각하는 나는 그렇게 선뜻 표현하기가 뭣해서 '거의'라는 부사어를 덧붙인다). 그리고 나는, 역자가 아닌 저자의 이름으로 책을 내게 되었다.

만으로 마흔 살이 되니 국민건강보험공단에서 생애전환기 건강검진 안내서를 보내 왔다. 그런데 나이와 상관없이 생애전환기를 가져오는 사건들이 있다. 나의 경우 그 사건은 확실히 둘째 아이의 죽음이었다. 마침 마흔을 코앞에 둔 때여서 그 전후의 변화가 더 뚜렷했다. 내 몸에서 수태할 수 있는 마지막 수정체를 세상에 내보내고, 출산보다는 완경을 서서히 준비해야 했던 시점은 비로소 온전히 나를 돌아볼 수 있는 시간이기도 했다. 일본의 철학자 사사키 아타루는 "당신은 홀연히 나타났는데 지금까지 어디서 뭘 하고 있었느냐?"는 질문을 받고 당황했다고 했는데,[1] 나는 마치 나 자신에게 홀연히 나타난 것 같은 기분이었다.

얼마 전부터 읽고 있는 제임스 홀리스James Hollis의 《인생 후반기의 의미 찾기*Finding Meaning in the Second Half of Life*》를 보면, 인생 전반기는 부모로부터 독립하는 과제를 수행하는 때이면서 사회와 문화가 자신에게 부과한 역할에 충실한 시기라고 한다. 그러나 인생 후반기에 들어서면 주어진 규범과 사회적 인정의 틀에서 벗어나 자기 인생, 자기에게 주어진 고유한 부름에 응답하기 시작해야 한다. 이때에야 비로소 온전한 독립이 이루어진다. 다른 사람이 원하는 내가 아니라, 원래 되어야 하는 내가 되는 것이다. 이러한 부름에 충실하게 응답하는 시기를 보내지 못하면 인생 후반기가 충만하지 못하다고 말한다. 마치 남의 인생을 대신 살아 주는 것 같다. 그의 주장에 의하면, 부모가 자기 부름을 충실하게 살지 못하면 그 자녀가 부모의 부름을 대신 사느라 고생한단다. 부모의 기대를 자기 인생으로 삼는 경우가 많은 한국에서 충분히 곱씹어 볼 말이다.

그리스도인의 경우, 특히 '청년 시절에 주께 헌신한' 그리스도인은 이미 이 부름에 응답했다고 생각하기 쉽다. 하나님의 부름에 응답하는 것은 그리스도인의 기본이다. 그리스도인이 되는 길 자체이다. 그 부름에 응답했기 때문에 그리스도인이 되었고, 원초적 부름 이후에는 해외선교, 교사, 회사원, 작가, 주부 등 세상에서 섬길 2차적 부름의 영역을 찾는다. 물론 대전제는 누구나 하나님의 거룩한 제사장이며, 각자 다른 모양(직업)으로 섬길 뿐이라는 사실이다.

내 인생을 향한 하나님의 부름에 응답하는 것은, 창조주께서 원래 의도하신 내가 되는 길이기도 하다. 이것을 삶의 기본자세로 삼고 살아온 그리스도인에게 사회와 관습의 기준이 아닌 진정한 부름에 응답하는 과제는 별로 낯설지 않다. 하지만 그렇기 때문에 착각하기도 쉽다. 종교의 언어와 구조가 또 하나의 사회와 관습이 되어, 내 인생을 향한 부름에는 여전히 응답하지 않았음에도 나는 이미 응답했다고 생각하는 착각 말이다.

기독교가 일련의 규칙을 지키고 일정 기준에 부응하는 문제일 때는 기독교인이 되는 게 답답하기는 해도 어렵지는 않았다. 그러나 삶의 부름에 응답하는 문제로 넘어가면 나는 정답이 없는 광야로 내몰린다. 손쉬운 기준, 옳고 그름을 빨리 판단해 줄 기준을 찾지만, 지금 내가 북쪽을 향하고 있는지 동쪽을 향하고 있는지도 알기 힘들다. 인생 후반기를 준비하는 중년은 아마도 그런 자리에 서는 시기가 아닐까 싶다. 지금까지 내가 부응해 왔던 외부의 기준들을 버리고 진정 내가 응답해야 하는 부름은 무엇인지를 찾기 위해서 잠시 광야로 나가는 시기 말이다. 그 시기를 지나는 방법은 다양하다. 다만 통증 없이 쉽게 지나가는 방법이 없다는 점만은 확실해 보인다.

여성학 석사과정을 갓 수료하고 잡지에 기고할 기회가 있었다. 그러나 두세 차례인가 쓰고 나서는 그만두었다. 당시에는 내가 페미니스트로 비치는 것이 부담스러웠다. 호의적이지 않을 수도 있는 시선을 받아 낼 만큼 내 속이 여물지 못했다. 그러나 지금은 페미니스트에 대해 어떤 오해가 있건 신경 쓰지 않고 나는 페미니스트라고 말할 수 있다. 내가 왜 페미니스트가 되어야 하는지 스스로의 이유가 분명하기 때문이다. 그런데 어쩐지 내가 기독교인이라고 말하는 것은 그만큼 당당하지 못하다. 내가 페미니스트인 모든 이유를 정당화해 주는 게 기독교인데도 말이다. 사람들이 기독교에 대해 뭐라고 말하건, 오명의 역사가 아무리 길건, 전혀 신경 쓰지 않고 별다른 변명 없이 나는 기독교인이라고 말할 만큼 속이 여물지 않았기 때문일까? 그런 것 같지는 않다. 오히려 페미니스트가 되는 것보다 더 본질적인 차원의 무엇이 있기 때문이다. 뭐랄까, 내가 하나님을 믿는 방식에 대한 이야기는 내가 여성의 인권을 지지하는 방식을 설명하는 것보다 더 깊고 복잡하다. 얼마 전 번역을 마친 피터슨의 글에 인용된 애니 딜라드Annie Dillard의 글이 인상 깊게 남는다. "사상의 숭고함과 현실의 어리석음 사이에서 가능한 타협점을 찾는 것."[2] 하나님이라는 사상은 참으로 숭고하다. 우리의 현실은 참으로 어리석다. 그 사이에서 가능한 타협점을 찾기는 쉽지 않다. 내가 기독교인이라고 말할 때 느끼는 복잡한 심정은 아마도 여기에서 기인하지 싶다.

하여 나의 소명은 아직 응답 중이다. 유진 피터슨처럼, 딱히 무엇에 반대하지 않아도 '나는 무엇이다'라고 편하게 이야기할 수 있는 때가 온다면, 그제야 비로소 내 인생을 향한 부름에 응답하는 것이리라 생각한다. 2년간의 상담을 종결한 2년 전, 나는 인생 후반기를 위한 준비를 맞춤한 때에 잘 했다고 생각했다. 이제는 앞으로 죽죽 나가는 일만 남았다고 생각했다. 그런데 알고 보니 그것은 나를 출발선에 세우기 위한 준비에 불과했다. 그래서 이 에필로그는 또 다른 프롤로그이기도 하다. 내 인생의 부름이 무엇인지를 찾기 위한 사전 작업을 마쳤으니, 이제 본격적으로 그 일에 착수할 때가 온 것이다.

나를 지으신 분의 부름에 따라, 자기로서 충만하게 살아가는 것은 모든 인생에 주어진 부름이다. 우리 모두가 서로에게 그 삶을, 그 생명을 격려하는 동지였으면 좋겠다. '무소의 뿔처럼 혼자' 가는 것이 아니라, 각자의 인생을 살되 함께 대화하고 격려하고 지지하고 때로는 조언하며 같이

가는 인생길이면 좋겠다. 길의 비유는 언제나 마음에 든다. 모든 것이 과정이다. 무엇이 되어 가는 과정에 있는 우리가 자신에게 그리고 서로에게 조금 더 관대할 수 있다면, 그것이 바로 인내하는 사랑 아닐까. 나에게 무척이나 부족한 덕목이지만, 한 가지 방법을 찾았다면 그것은 나 자신이 만족하는 인생을 사는 것이다. 정답은 없다. 자기 인생 자기가 사는 것, 그래서 나 자신이 내 인생의 답이 되는 것, 그것이 바로 하나님 앞에서 자신에게 주어진 삶을 충실하게 사는 것임을 깨달았다. 마흔이 넘어서 얻은 이 깨달음이 나를 또 어디까지 데려갈지 자못 궁금해 하며, 오늘도 열심히 새로운 계획을 위해 준비하고 있다.

주^註

1부 내 이름을 찾아 여행하다

1) Nancy Kohner & Alix Henley, *When A Baby Dies* (Pandora Press, 1991).
2) 뉴스엔, 2010년 2월 4일.
3) 헤르만 헤세의 소설 《지와 사랑》에 나오는 두 주인공으로서 나르치스는 이성, 금욕, 종교를 대표하는 인물이고 골드문트는 감성, 쾌락, 예술을 대표하는 인물이다.
4) 김기석, 《일상 순례자》(두란노, 2014).
5) 엄밀히 말해 여성운동과 여성학은 다르지만, 여기에서는 여성학으로 통칭하겠다.
6) 유진 피터슨, 양혜원 옮김, 《비유로 말하라》(IVP, 2008), 241쪽.
7) 유진 피터슨, 양혜원 옮김, 《유진 피터슨: 부르심을 따라 걸어온 나의 순례길》(IVP, 2011), 102쪽.
8) 남경희, 《비트겐슈타인과 현대철학의 언어적 전회》(이화여자대학교출판부, 2005). 비트겐슈타인은 이것을 규칙 준수의 활동을 가지고 설명한다. "한 개인이 행하는 일련의 행위는 자신은 물론 타인에 의해서도 특정한 규칙의 준수라고 기술되고, 그 기술에

대해 합의될 수 있어야 한다"(같은 책, 130쪽). 말하자면, 객관적으로 기술될 수 있는 것은 생각이 아니라 규칙을 지키는 행위이다.
9) 이재경 외, 《여성학: 여성주의 시각에서 바라본 또 다른 세상》(미래M&B, 2007).
10) Lorraine Code, "I Know Just How You Feel: Empathy and the Problems of Epistemic Authority", *Rhetorical Space, Essays on Gendered Location* (Routledge, 1995).

2부 정의로운 사랑을 갈망하다

1) M. 스캇 펙, 신승철·이종만 옮김, 《아직도 가야 할 길》(열음사, 2007), 65쪽.
2) 정신분석 용어로, 정신적 혹은 감정적 에너지를 사람이나 사물이나 사상 등의 대상에 쏟아붓는 과정을 뜻한다.
3) 성역할은 사회가 생물학적 성에 상응하는 사고, 정서, 행동들을 기대하고 요구하는 것이고, 성별분업은 생물학적 성에 따라 생계부양자/가사노동자로 할 일을 나누는 것이다. 성역할 안에는 성별분업의 의미도 들어가기 때문에 여기에서는 성역할로 통칭했다.
4) 김순남, 〈남녀의 이혼 서사를 통해 본 친밀성과 젠더〉, 《여성학논집》 제27권 2호.
5) 결혼에 의무(duty)라는 미덕이 부과된 것은 상류층에 국한된다고 할 수 있다. 먹고살기 어려운 하층민은 생계 때문에 결혼했다. 물질적 기반은 결혼제도의 유지에 중요한 영향을 미치는데, 지켜야 할 재산이 있는 상류층일수록 결혼이라는 제도가 더 중요

했다.
6) 경제협력개발기구(OECD), 〈요리, 육아, 그리고 자원봉사: 세계의 무상노동〉, 13쪽(2011년 4월 12일, www.oecd.org). 덴마크 남성은 하루 3시간으로 가장 길었으며 한국 남성이 최하위였다.
7) 한 보고서에 의하면 가계를 단지 '소비하는 장소'가 아닌 '서비스 생산자'로 파악할 경우, 가계생산의 총 부가가치는 143조~169조원으로, 1999년 말 국내총생산 477조 원의 30~35.4퍼센트에 달하는 것으로 추산됐다(네이버 지식사전).
8) 그래서 '취집'이라는 표현을 쓰기도 한다. 취직과 시집의 합성어인데, 시집가는 것이 곧 취직이라는 뜻이다. 그 외에 '솥뚜껑 운전수로 취직했다'는 표현도 많이 쓴다.
9) M. 스캇 펙, 문은실 옮김, 《우리가 바꿔야 할 세상》(명경, 1995), 91쪽.
10) 같은 책, 105-106쪽.
11) 유진 피터슨, 양혜원 옮김, 《유진 피터슨: 부르심을 따라 걸어온 나의 순례길》(IVP, 2011), 496쪽.
12) 같은 책, 463-464쪽.
13) 간혹 이 본문에서 상전과 종의 관계를 오늘날의 고용주와 피고용인의 관계로 해석하는 경우가 있는데, 그것은 잘못된 해석이다. 고대 신분제 사회에서 종은 가족의 일원이었고 고정된 신분이었던 반면에 오늘날의 고용 제도는, 현실이야 어떠하든, 자유로운 개인들의 계약 관계이다. 따라서 계약 사항이 제대로 이행되지 않으면 언제든 파기될 수 있다. 노동 윤리의 성실성과 고용주의 정의를 강조할 수는 있어도 종과 상전의 관계로 설명해서

는 안 된다.
14) 조순경,〈유가 사상과 성별 분업〉《여성학논집》제18권.

3부 진리 안에서 자유를 얻다
1) 김진,《마음의 구리거울》(한언, 2006), 51쪽.
2) Henri J. M. Nouwen, *The Inner Voice of Love* (Image Books, 1999).《마음에서 들려오는 사랑의 소리》(성바오로딸)
3) Henri J. M. Nouwen, *Life Signs* (Image Books, 1989)《두려움을 떠나 사랑의 집으로》(포이에마).
4) 유진 피터슨, 양혜원 옮김,《유진 피터슨: 부르심을 따라 걸어온 나의 순례길》(IVP, 2011), 44-45쪽.
5) 같은 책, 45쪽.
6) 같은 책, 381쪽.
7) 앤 · 배리 율라노프, 이재훈 옮김,《신데렐라와 그 자매들》(한국심리치료연구소, 1999).
8) 황상민,《짝, 사랑》(들녘, 2011), 47쪽.
9) 스캇 펙, 김영범 옮김,《끝나지 않은 여행》(열음사, 2007), 301쪽.
10) 가톨릭 사전 검색(info.catholic.or.kr/dictionary), 표제어 '가족계획'.
11) 루이스 스메디스, 안교신 옮김,《크리스천의 성》(두란노, 1997), 24쪽.
12) 같은 책, 156-157쪽.
13) 스캇 펙,《끝나지 않은 여행》, 302-303쪽.
14) 같은 책, 297쪽.

15) 엘리자베트 벡-게른스하임, 이재원 옮김, 《내 모든 사랑을 아이에게?》(새물결, 2000), 45쪽.

4부 그리스도인, 부끄러움을 배우다

1) 쓰지 유미의 《번역사 오디세이》(이희재 옮김, 끌레마, 2008)에서는 이것을 '부실한 미녀'로 번역했으나, 프랑스어의 의미상 '부실한' 보다는 상대에게 정절을 지키지 못했다는 의미의 '부정한'이 원래의 의미에 더 가깝다.
2) "Taking Fidelity Philosophically", Difference in Translation, ed. Joseph F. Graham.
3) C. S. Lewis," Christianity and Literature", *Christian Reflections*, (Eerdmans, 1994) 《기독교적 숙고》(홍성사).
4) 유진 피터슨, 이종태·양혜원 옮김, 《현실, 하나님의 세계》(IVP, 2006), 99쪽.
5) 〈경제와 사회〉, 2000년 여름호.
6) 랍 벨·던 골든, 양혜원 옮김, 《네 이웃의 탄식에 귀를 기울이라》(포이에마, 2011), 55쪽.
7) 클리포드 윌리엄스, 최규택 옮김, 《마음의 혁명》(그루터기하우스, 2005), 169-170쪽.
8) 같은 책, 174쪽.
9) M. 스캇 펙, 문은실 옮김, 《우리가 바꿔야 할 세상》(명경, 1995), 19쪽.
10) 유진 피터슨, 양혜원 옮김, 《그 길을 걸으라》(IVP, 2007), '제2부 다른 길들'".

11) 같은 책, 13쪽.
12) 같은 책, 18쪽.
13) 같은 책, 42쪽.
14) 같은 책, 42쪽.
15) 유진 피터슨, 양혜원 옮김,《비유로 말하라》(IVP, 2008), 30쪽.
16) 유진 피터슨, 양혜원 · 박세혁 옮김,《부활을 살라》(IVP, 2010), 27쪽.
17) 같은 책, 31쪽.
18) 같은 책, 28쪽.
19) 같은 책, 32쪽.

에필로그

1) 사사키아타루, 송태욱 옮김,《잘라라, 기도하는 그 손을》(자음과 모음, 2012), 16쪽.
2) 유진 피터슨,《목회자의 영성 *The Contemplative Pastor*》(포이에마).

교회 언니, 여성을 말하다

양혜원 지음

2018년 11월 5일 초판 1쇄 발행

펴낸이 김도완	**펴낸곳** 비아토르
등록 제406-2017-000014호(2017년 2월 1일)	**주소** 경기도 파주시 문발로 197 102호 (우편번호 10881)
전화 031-955-3183	**팩스** 031-955-3187
전자우편 viator@homoviator.co.kr	
편집 이지혜	**디자인** 임현주
제작 제이오	**인쇄** 민언프린텍
제본 정문바인텍	
ISBN 979-11-88255-19-1 03230	**저작권자** ⓒ 양혜원, 2018

이 도서의 국립중앙도서관 출판예정도서목록(CIP)은 서지정보유통지원시스템 홈페이지(http://seoji.nl.go.kr)와 공동목록시스템(http://www.nl.go.kr/kolisnet)에서 이용하실 수 있습니다.(CIP제어번호: CIP2018034814)